Jo-Jo

Sprachbuch 3

Arbeitsheft

Erarbeitet von

Frido Brunold
Sandra Meeh
Henriette Naumann-Harms
Rita Stanzel

Fachliche Beratung
zur Silbenstrategie,
zum Verlängern, zum Ableiten
und zu Merkwörtern

Günter J. Renk

Cornelsen

Jo-Jo

Sprachbuch **3**
Arbeitsheft

Erarbeitet von	Frido Brunold, Sandra Meeh, Henriette Naumann-Harms, Rita Stanzel
Redaktion	Elisabeth Wagner, Cornelia Ostberg
Redaktionelle Mitarbeit	Susanne Main
Illustrationen	Ulf K.
Umschlagillustration	Sylvia Graupner
Gesamtgestaltung und technische Umsetzung	Heike Börner

www.cornelsen.de

Die Webseiten Dritter, deren Internetadressen in diesem Lehrwerk angegeben sind, wurden vor Drucklegung sorgfältig geprüft. Der Verlag übernimmt keine Gewähr für die Aktualität und den Inhalt dieser Seiten oder solcher, die mit ihnen verlinkt sind.

Alle Drucke dieser Auflage sind inhaltlich unverändert und können im Unterricht nebeneinander verwendet werden.

Druck: Drukarnia Dimograf Sp. z o.o., Bielsko-Biała

1. Auflage, 16. Druck 2025
Arbeitsheft 3
ISBN 978-3-06-082606-3

1. Auflage, 5. Druck 2015
Arbeitsheft 3 mit CD-ROM
ISBN 978-3-06-082607-0

PEFC-zertifiziert
Dieses Produkt stammt aus nachhaltig bewirtschafteten Wäldern und kontrollierten Quellen
PEFC
PEFC/32-31-076   www.pefc.pl

Inhalt

Ordnen und nachschlagen

1 Trage in die ABC-Ketten fehlende Buchstaben ein.

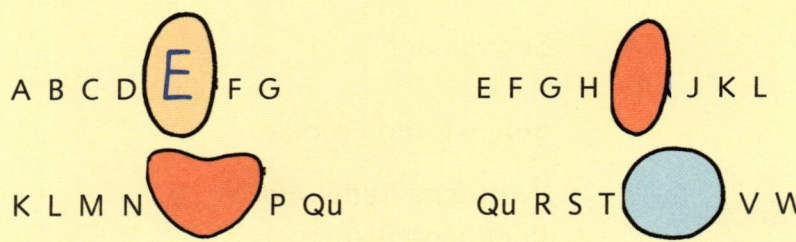

A B C D **E** F G   E F G H J K L

K L M N P Qu   Qu R S T V W

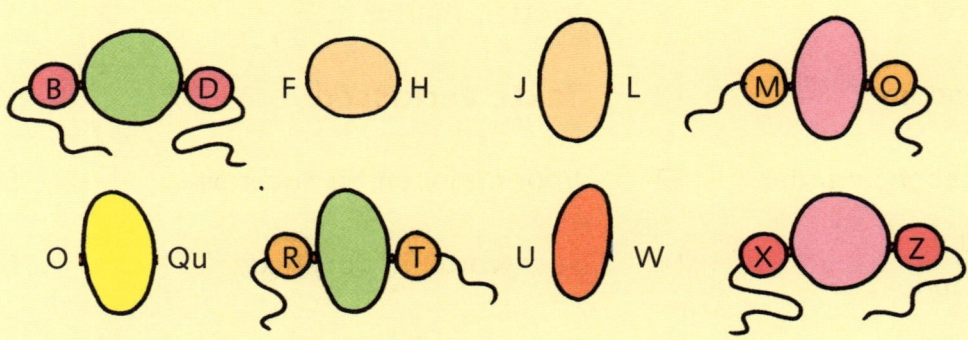

B D   F H   J L   M O

O Qu   R T   U W   X Z

2 Ordne die Wörter aus jedem Satz nach dem ABC.

Lea hat bunte Perlen gekauft.

bunte gekauft hat Lea Perlen

Die Perlen sind rund und oval.

Lea nimmt eine dünne Nadel.

Sie fädelt die Perlen auf.

Lea schenkt die Kette Anna.

Arbeitstechniken

3 Ordne die Wörter aus jedem Kasten nach dem ABC.

Form	kurz	schlafen
Fisch	klein	Schiff
Fuß	Kerze	schwimmen
Feuer	kriechen	schon
Fahrrad	komisch	Schaum

F f

Fahrrad

K k

Sch sch

4 Wo findest du die Wörter im Wörterbuch? Ordne zu.

Biber • Mammut • Katze • Vogel • Uhu • Dachs
Gans • Lama • Tiger • Amsel • Nashorn • Wal

vorne

Biber

in der Mitte

hinten

Wörter mit doppeltem Mitlaut

1 Setze die fehlenden Buchstaben ein.

pp • ll • ss

ll   fa▢en, Bä▢e, Te▢er

▢   Fä▢er, me▢en, e▢en

▢   Pu▢e, Su▢e, Gru▢e

nn • tt • mm

▢   Ke▢e, Gewi▢er, Bu▢er

▢   ke▢en, re▢en, So▢e

▢   bru▢en, su▢en, Zi▢er

2 Schreibe die Wörter nach doppelten Mitlauten geordnet auf.
Markiere den Doppelmitlaut. Setze Silbenbögen.

ll: fallen,

tt:

ss:

nn:

pp:

mm:

3 Ordne die Reimwörter zu.

Schwämme • Welle • Tonne • Butter • Puppe • Tasse

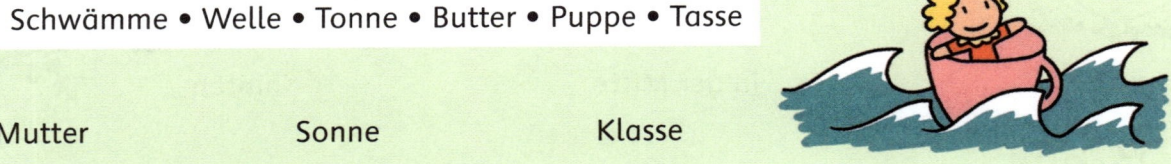

Mutter

Butter

Sonne

Klasse

Gruppe

Stelle

Kämme

4 Finde zu jeder Anfangssilbe eine Endsilbe.
Ordne die Wörter in die Tabelle.

Wel stel Kel Zel fal
len ler

Wet ret Ket Zet wet
ter ten te tel

Som Kum kom Zim trom
mer men meln

ll	mm	tt
Wellen		

5 Finde passende Wörter mit einem doppelten Mitlaut.

Heute scheint die *Sonne* . Wir spielen mit den neuen ____.

Ich ____ mitten ins Tor. Danach ____ wir ein leckeres Eis.

Plötzlich donnert es. Es kommt ein ____.

Schon ____ die ersten Regentropfen. Schnell ____

wir nach Hause. Trotzdem haben wir ____ Hosen.

Wörter mit ck und tz

1 Setze ck oder tz ein.

pa**ck**en   Plä☐e   Spi☐e   verste☐en   Ri☐e   dre☐ig

se☐en   kra☐en   tro☐ig   Stö☐e   lo☐er   Zu☐er

2 Ordne die Wörter in die Tabelle ein.

Wörter mit tz	Wörter mit ck
Plätze	

3 Verbinde die passenden Satzhälften. Male ck und tz an.

Am Sonntag backen wir	die Zuckergussschrift.
Wir bestreichen ihn	nicht schmatzen.
Mit einer Spritztüte	einen Kuchen.
Im Sonnenschein glitzert	sehr lecker.
Wir nehmen am	dick mit Schokolade.
Jeder bekommt	ein Stück vom Kuchen.
Beim Essen dürfen wir leider	spritzen wir Zuckerguss darauf.
Es schmeckt	Tisch Platz.

4 Schreibe die Lösungswörter in die Kästchen.

| | | | D | E | C | K | E | L | | |

5 Bilde zusammengesetzte Nomen.

Spinne • Zipfel • Hitze
Katze • Regen • Schnecke

Haus • Welle • Netze
Jacke • Baum • Mütze

Hitzewelle,

6 Finde jeweils ein passendes Reimwort. Schreibe es auf.

Plätze   Spritze   Fratze   Stütze

Sätze

Wörter mit nk und ng

1 Finde Reimwortpaare. Male ng an.

Ring • Engel	Klang • Ringer
Finger • Hang	Fang • Ding
Stange • Junge	Zunge • Klänge
Gang • Schlangen	Zange • klingen
Länge • singen	Bengel • fangen

Ring – Ding,

2 Finde Reimwortpaare. Male nk an.

Henkel • Schränke	Bänke • Senkel
Tank • Flanke	Schinken • Schranke
Finken • Funk	Enkel • munkeln
Klinker • Schenkel	Dank • Tanker
funkeln • Anker	Blinker • Prunk

Henkel – Enkel,

3 Schreibe die Verben mit den Personalformen auf.

	trinken	singen	winken
ich	*trinke*		
du			
er			
wir			
ihr			
sie			

4 Ergänze die Lösungswörter. Male nk an.

unangenehm riechen: s t i n k e n

Ein Schiff kann bei Sturm …

nicht gesund, sondern …

Darin werden Sachen aufbewahrt:

ein Satzschlusszeichen:

Wenn man Durst hat, muss man …

Nachts ist es …

Das tut man mit dem Kopf:

Richtig schreiben

Viele Mitlaute nebeneinander

1 Ordne die Märchennamen zu den Bildern.
Falls du ein Märchen nicht kennst: Zähle die Buchstaben.

Rumpelstilzchen   Schneewittchen und die 7 Zwerge

Rotkäppchen   Dornröschen   Der Froschkönig

Die Prinzessin auf der Erbse   Die Bremer Stadtmusikanten

| S | c | h | n | e | e | w | i | t | t | c | h | e | n |

Richtig schreiben

2 Diese Nomen sind falsch zusammengesetzt.
Trenne jedes zusammengesetzte Nomen durch einen Strich.

LAGER|SCHLACHT   KISSENFEUER

KOPFPROBE   THEATERKISSEN

GIPFELUHR   STANDKREUZ

EINKAUFSKRONE   KÖNIGSKORB

3 Setze die Nomen richtig zusammen.

das Lagerfeuer, die Kissenschlacht,

4 Setze die Verben in der passenden Form in die Lücken ein.

dürfen • schmunzeln • klettern • klopfen • schlafen • spritzen • schenken

Die Prinzessin *schmunzelte* , weil sie den Frosch küssen sollte.

Das Wasser _____ , als die goldene Kugel ins Wasser fiel.

Rotkäppchen _____ den Weg zur Großmutter nicht verlassen.

Der Prinz _____ den Turm hoch, in dem Rapunzel saß.

Die böse Königin _____ Schneewittchen einen Apfel.

Der Wolf _____ an der Hütte von den sieben Geißlein.

Dornröschen _____ hundert Jahre lang.

Verlängern: b, d, g am Wortstammende

1 Schreibe die Nomen in der Einzahl und Mehrzahl auf.
Male die Endbuchstaben in der Einzahl an.

> Hand • Korb • Zwerg • Fahrrad • Bank • Geld • Berg • Stift

die Hand – die Hände,

2 Unterstreiche in jedem Satz das Verb. Schreibe das Verb mit der Grundform.

Draußen <u>wird</u> es dunkel.   *es wird – werden*

Ich liege auf der Bank.

Max liebt Hanna.

Sie trägt das Baby.

Ihr fliegt in den Urlaub.

Du schlägst das Buch auf.

Sie schreibt eine E-Mail.

Wir üben unsere Wörter.

Richtig schreiben

3 Verbinde, was zusammengehört.
Setze die fehlenden Buchstaben ein.

legen   sie flie☐t   geflo☐en

pflegen   er ü☐t   gepfle☐t

üben   sie le *g* t   gele☐t

fliegen   er pfle☐t   geü☐t

schreiben er le☐t   gesa☐t

sagen   sie schrei☐t gele *g* t

leben   er sa☐t   geschrie☐en

4 Schreibe die Verbformen aus Aufgabe 3 auf.
Male die Buchstaben an, die du eingesetzt hast.

legen, sie legt, gelegt

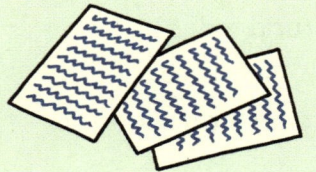

Verlängern: Adjektive

1 Setze die Adjektive in den Lückentext ein.

kranke • bunte • liebe • spannende • gelben • bissigen

Ich lese gerne *spannende* Bücher.

Mein Fahrrad hat einen _____ Lenker.

Der Arzt behandelt _____ Menschen.

Schnell renne ich vor _____ Hunden weg.

Meine Freundin trägt gerne _____ Socken.

Meine Lehrerin mag _____ Kinder.

2 Verlängere die Adjektive.

salzig • die Brezel — *die salzige Brezel*

klug • die Professorin

stark • der Gewichtheber

lieb • das Kind

gesund • der Junge

hart • der Stein

krank • der Patient

rund • der Ball

gelb • das Fahrrad

3 Verlängere die Adjektive und
schreibe sie mit dem passenden Nomen.

vorsichtig • salzig
dreckig • saftig
mehlig • windig
mutig • lustig

Blech • Schuhe • Birne
Meer • Tag • Räuber
Kind • Clown

das vorsichtige Kind,

4 Setze die Adjektive in den Lückentext ein. Achte auf die richtige Form.

sandig • riesig • einzig • luftig • langweilig • vorsichtig • lustig • kräftig • witzig

Im Zirkus geht es heute *lustig* zu. Der Ansager

in der _____ Manege begrüßt die Gäste.

Sofort beginnt der Clown _____ Späße

zu machen. Dann hebt der _____ Gewichtheber

ein _____ Paket mit einer _____ Hand

nach oben. Danach macht die Seiltänzerin in _____ Höhe

einen _____ Schritt. Es gab den ganzen Nachmittag

keine _____ Minute und alle klatschen fröhlich Beifall.

Ableiten: Wörter mit ä und äu

1 Zähle die Abbildungen.
Schreibe hinter jede Ziffer das passende Mehrzahlwort.

Schwanz • Baum • Sack • Mann • Axt • Kahn • Grab • Haus • Bart • Faust • Fass • Maus

2 _____

3 _____

4 _____

5 _____

6 _____

7 _____

8 *Schwänze*

9 _____

10 _____

11 _____

12 _____

13 _____

2 Finde zu den Ableitungen die passenden Wörter und setze sie in die richtigen Sätze ein.

Tag • Schaden • Raum • flach • kalt • Traum • Pracht • Verstand • verkaufen

Gebrauchsanleitungen sollten *verständlich* formuliert sein.

Im Schuhgeschäft lasse ich mich vom _____ beraten.

Früher ließen viele Könige _____ Schlösser bauen.

Deutschland hat eine _____ von ca. 357 000 km^2.

Mit einer 3-D-Brille kann man _____ sehen.

Jeder Mensch sollte _____ zwei Liter trinken.

Rauchen ist _____ für die Gesundheit.

Im Norden ist es meist _____ als im Süden.

Oft habe ich nachts die wildesten _____ .

3 Finde zu jedem Wort eine Ableitung. Ergänze dann das Lückenwort.

die W *ä* rme – *warm*   gl ___ big – _____

die St ___ rke – _____   z ___ hlen – _____

l ___ nger – _____   das R ___ tsel – _____

bl ___ lich – _____   sch ___ men – _____

die T ___ nze – _____   der L ___ fer – _____

sch ___ rfer – _____   du f ___ ngst – _____

1 Bilde Wörter mit der Endung -ine.
Fünf Wortanfänge bleiben übrig.

Gard	Bohrmasch	Ti	Schra	Prali	Apfelsi	Ros	Stuh
Mandar	Kab	Nektar.	Be	Ru	Violi	So	Law

Gardine, _____

_____

_____

2 Schreibe die Sätze richtig auf.

zu du kommst heute mir

Heute kommst du zu mir.

spiele ich Domino mit gerne dir.

_____

Spiel aus zusammen wir das suchen

_____

Spielsteine mir du gibst meine

_____

3 Bilde zusammengesetzte Nomen.

Polizei	Kino	Ski	Saal
Wache	Anzug	Auto	Karte
Film	Schuhe	Stöcke	Hund

Skischuhe, _____

_____

_____

4 Setze die Nomen in den Text ein. Male das lange i in den eingesetzten Wörtern an.

Lisa • Pinguine • Omi • Iglu • Musik • Taxifahrer • Kino • Polizeikontrolle
Trampolin • Krokodil • Tiger • Apfelsinen • Ski • Limonade • Nilpferd

Omi lädt Lisa ins _____ ein. Beide trinken eine kleine Flasche

_____ . Heute läuft ein Tierfilm. Es spielen zwei _____

mit, die in einem _____ wohnen und mit bunten _____ den Berg hinab-

fahren. Ein _____ arbeitet als _____ und fährt immer

zu schnell. Bei einer _____ wird es erwischt. Zwei

_____ haben keine Lust auf Fleisch und fressen _____ .

Zum Schluss springt ein _____ auf einem _____

und macht einen Salto nach dem anderen. Omi und _____ haben viel gelacht.

Die _____ im Film hat ihnen besonders gut gefallen.

5 Finde die richtige Lösung. Schreibe sie in die Kästchen.

Zwei Pfund ergeben genau ein ... | K | i | l | o |

Sie bohrt ein Loch in die Wand: | | | | | | | | | | | | | |

Er trinkt Blut: | | | | | | |

Ein Haus aus Schnee ist ein ... | | | | |

Sie ist gelb und schmeckt sauer: | | | | | | |

Ein Auto braucht es zum Fahren: | | | | | |

Merkwörter mit h

1 Suche zehn Wörter mit h und kreise sie ein.
Lies von links nach rechts und von oben nach unten.

A	F	G	B	I	F	C	S	W	S
S	D	I	D	R	A	H	T	U	E
T	Z	U	P	R	X	S	U	H	R
M	E	H	L	F	D	G	H	T	O
U	M	E	E	S	Z	I	L	O	T
R	B	O	H	R	E	R	X	H	Y
R	G	U	R	O	U	S	T	R	I
V	W	R	E	X	G	Z	S	A	D
J	A	H	R	S	T	Z	A	H	L
W	Y	X	C	L	O	H	N	V	X

2 Schreibe alle Wörter aus dem Wortgitter auf.
Male in jedem Wort h an.

Draht,

3 Bilde Verben. Male in jedem Verb h an.

verzeh • neh • dröh • füh • anleh • feh • zäh • rüh • gäh • erzäh • wäh
men • ren • len • nen

verzehren,

4 Zu welcher Personalform passt **du**, zu welcher **ihr**?
Setze ein. Male in jedem **ihr** das h an.

du springst	*ihr* lauft	___ gehst	___ geht
___ fühlt	___ esst	___ zählt	___ sucht
___ nähst	___ kommt	___ liest	___ springst
___ singst	___ singst	___ krähst	___ fahrt
___ schreibst	___ fühlt	___ zählt	___ rührst

5 Setze die Wörter richtig zusammen
und schreibe sie an die passende Stelle.

Kühl • Ohr • Früh • Wasser • Feuer • Rot • Mohr • Zahn • Schlag
ringe • bürste • rüben • hahn • sahne • kehlchen • stück • schrank • wehr

Mit der *Zahnbürste* putze ich meine Zähne.

Seit einer Stunde tropft der _____ .

Im _____ steht mein Lieblingsjoghurt.

Zum Geburtstag wünsche ich mir _____ .

Die _____ rettet die Katze vom Baum.

Ich schlage die _____ für den Kuchen steif.

Mein Hase frisst gerne _____ .

Zum _____ trinke ich ein Glas Saft.

Das _____ frisst Futter am Vogelhaus.

Richtig schreiben 23

Merkwörter aus anderen Sprachen

1 Aus welchen Ländern kommen die Speisen? Ordne zu.

🇬🇧 Ketchup		🇮🇹 Lasagne		🇮🇹 Spaghetti		🇬🇧 Pudding	
🇮🇹 Pizza		🇬🇧 Toast		🇫🇷 Pommes frites		🇺🇸 Cornflakes	
🇮🇹 Tiramisu		🇫🇷 Baguette		🇫🇷 Crêpe		🇫🇷 Croissant	
🇫🇷 Camembert		🇮🇹 Peperoni		🇺🇸 Chicken-Nuggets		🇮🇹 Calamari	
🇫🇷 Champignons		🇫🇷 Konfitüre		🇮🇹 Mozzarella		🇺🇸 Burger	
🇮🇹 Tortellini		🇫🇷 Omelette		🇺🇸 Marshmallow		🇮🇹 Salami	

Großbritannien/Amerika:

Ketchup,

Frankreich:

Italien:

Richtig schreiben

2 Diese Begriffe kommen aus der englischen Sprache.
Schreibe zu jedem Bild den passenden Begriff.

Volleyball • Trainer • Windsurfen • Trikot • Basketball • Jogging

Trainer

3 Löse die Rätselsätze. Schreibe das richtige Wort in die Lösungsfelder.

caravan • pupa • computador • vacances • song • anneanne • cola • baguette

Lied heißt auf Englisch: | s | o | n | g |

Wohnwagen heißt auf Englisch:

Großmutter heißt auf Türkisch:

Weißbrot heißt auf Französisch:

Ferien heißt auf Französisch:

Computer heißt auf Spanisch:

Limonade heißt auf Spanisch:

Puppe heißt auf Italienisch:

Nomen, Artikel, Einzahl, Mehrzahl

1 Unterstreiche auf den Zetteln Nomen.

Fahrkarte besorgen, Ausweis einstecken,
Schuhe putzen, Blumen gießen, Fisch füttern,
Spiel auswählen, Koffer packen

Bananen und Äpfel einkaufen, Brote schmieren,
Eier kochen, Möhren schälen, Teeflaschen füllen,
Schlüssel zu Müllers bringen, Fenster schließen

Vor der Reise nicht vergessen!

2 Schreibe die Nomen vom oberen Zettel in der Einzahl
und in der Mehrzahl auf. Benutze Artikel.

die Fahrkarte – die Fahrkarten,

3 Schreibe die Nomen vom unteren Zettel in der Einzahl
mit dem unbestimmten Artikel auf.

eine Banane,

4 Unterstreiche im Text alle Nomen.
Schreibe sie danach mit ihrem Artikel in der Einzahl auf.

IN DREI <u>TAGEN</u> FÄHRT LISA MIT DEM ZUG ANS MEER.
SIE HAT SCHON SPIELE UND CDs FÜR DIE LANGE REISE
IN IHREN RUCKSACK GEPACKT. AUCH IHRE MALSTIFTE
SIND DABEI. LISA FREUT SICH. SIE WILL MIT IHREN
KLEINEN BRÜDERN MUSCHELN SAMMELN UND
IM FEINEN SAND HERUMTOBEN. WENN DIE WELLEN
NICHT ZU HOCH SIND, SCHWIMMT SIE MIT
IHRER MUTTER BIS ZU DEN BOJEN HINAUS.

der Tag,

5 Von diesen Wörtern gibt es keine Mehrzahl.
Finde heraus, wie man ihre Menge mit „drei" angeben kann.

Butter • Mehl • Milch • Eis • Wasser • Weizen

die Butter – drei Butterstücke,

Verben: Grundform und Personalform

1 Schreibe zu jedem Bild die passende Grundform.

lachen • liegen • weinen • trinken • sitzen • lesen

liegen

2 Ergänze zu jedem Verb alle Personalformen.

ich *liege*	ich *lache*	ich *weine*
du	du	du
er	er	er
wir	wir	wir
ihr	ihr	ihr
sie	sie	sie

3 Wähle passende Verben aus und setze sie ein.

wollen • liegen • können • wissen • schicken • gehen • probieren • wirken

Manchmal *liegt* Paul abends im Bett und _____

nicht einschlafen. Er _____ am liebsten wieder aufstehen und

mit seinen Eltern gemütlich im Wohnzimmer sitzen. Er _____ aber,

dass Papa ihn immer sofort wieder zurück ins Bett _____.

Jetzt könnte er schön mit Minka schmusen, aber die _____

jede Nacht auf Mäusejagd. Am Ende _____ Paul

den Einschlaftrick, den ihm Opa verraten hat. Der _____ meistens.

4 Unterstreiche die Verben.
Schreibe sie in der Personalform und der Grundform auf.

Pauls Vater <u>sieht</u> die Nachrichten.   *er sieht, sehen*

Paul schläft manchmal sehr lang.   _____

Mama liest gerne im Bett.   _____

Sie isst einen Apfel.   _____

Das Kätzchen fängt eine Maus.   _____

Der Kater frisst die Maus.   _____

Du fährst mit der Bahn.   _____

Lena trifft ihre Freunde.   _____

Wortstamm und Endung

1 Unterstreiche Wörter mit dem Wortstamm spring/sprung rot.
Unterstreiche Wörter mit dem Wortstamm flieg/flug grün.

Flieger Hochsprung Flugplatz anfliegen

Fallschirmspringer überfliegen springen Flugzeug

gesprungen Springmaus Sprungbrett Abflug

springlebendig Stubenfliege Einflugschneise sprunghaft

2 Ordne die Wörter in die Tabelle.

spring/sprung	flieg/flug
Hochsprung	

3 Male die Endungen der Verben an.

ich fliege   du fliegst   er fliegt   wir fliegen

ich springe   du springst   er springt   wir springen

ich lenke   du lenkst   er lenkt   wir lenken

ich schwebe   du schwebst   sie schwebt   wir schweben

4 Ergänze die Endungen.

Die Zuschauer schrei _en_ begeistert.

Ulis Mannschaft gewinn ____ .

Mario läuf ____ am schnellsten. Er hat gut trainier ____ .

Laura besuch ____ das erste Mal ein Stadion.

Fähr ____ sie mit der Bahn? Komm ____ du mit uns?

Wir fahr ____ mit dem Bus. Er fähr ____ in fünf Minuten ab.

Gestern hab ____ wir lange gewartet, weil er eine Panne hatte.

5 Ordne die Wörter in die Zeilen.

singen schieben sehen trinken Sänger getrunken trank siehst Getränk
schieben schob gesungen Schubkarre Schiebetür Gesang sah Fernseher

singen, _____

schieben, _____

sehen, _____

trinken, _____

6 Wähle einen Wortstamm. Schreibe Wörter dieser Wortfamilie auf.

fahr/fähr/fuhr ____ spring/sprung/sprang

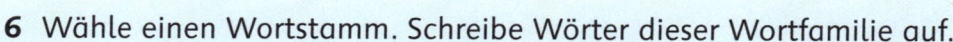

_____

_____

Sprache untersuchen 31

Gegenwart und Vergangenheit

1 Schreibe immer das passende Verb in die Lücke.

Als ich drei Jahre alt war, _las_ mir Mama viele Geschichten vor.
las/spielte

Ich _____ mich sehr, wenn sie mir ein Bilderbuch schenkte.
freute/ärgerte

Ich _____ gerne mit Fingerfarben an die Wände.
schrieb/malte

Mit meinen Holzklötzchen _____ ich hohe Türme,
knetete/baute

die mein kleiner Bruder dann _____ .
umwarf/fotografierte

Bei Regenwetter _____ ich immer in die Pfützen.
patschte/schrieb

Am liebsten _____ ich Vanilleeis mit Himbeeren.
kochte/aß

Ich _____ unseren Hund mit Hundekeksen.
quälte/fütterte

2 Schreibe die Verben in der Gegenwart.

Vergangenheit	Gegenwart
sie las	_sie liest_
ich malte	
er knetete	
ich sprang	
sie warf	
er fütterte	

3 Kreuze die Sätze in der Vergangenheit an. Unterstreiche in jedem angekreuzten Satz das Verb in der Vergangenheit.

X Vor zwei Wochen <u>war</u> ich im Krankenhaus.

☐ Ich hatte hohes Fieber.

☐ Da konnte ich nicht lesen und auch nicht fernsehen.

☐ War das langweilig!

☐ Zum Glück besuchte mich mein Freund Eric zwei Mal.

☐ Wir spielten Karten.

☐ Wenn ich beim Spielen gewinne, ärgert sich Eric und brüllt los.

☐ Im Krankenhaus musste er sich zurückhalten.

☐ Als ich wieder nach Hause kam, schenkte mir Opa ein Anglerlexikon.

☐ Jeden Abend lese ich darin.

☐ Es ist echt interessant.

4 Wie war es, als du klein warst?
Schreibe Sätze in der Vergangenheit.

_____

_____

_____

_____

_____

_____

_____

_____

Zusammengesetzte Nomen und Verben

1 Achtung, an jeder Lok hängt ein falscher Wagen.
Streiche ihn durch.

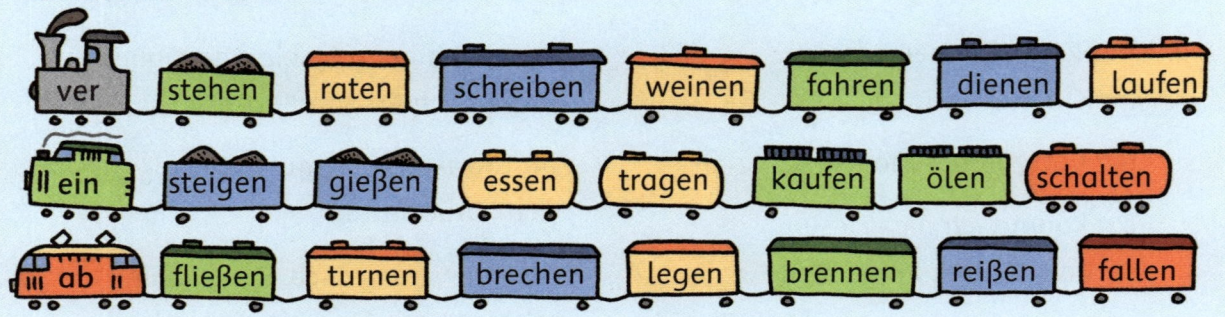

| ver | stehen | raten | schreiben | weinen | fahren | dienen | laufen |

| ein | steigen | gießen | essen | tragen | kaufen | ölen | schalten |

| ab | fließen | turnen | brechen | legen | brennen | reißen | fallen |

2 Setze die Vorsilben mit den passenden Verben zusammen.

ver   *verstehen,*

ein

ab

3 Bilde zusammengesetzte Nomen.

Honig • Zauber • Märchen • Hilfe • Kiesel
Baum • Kopf • Hexen • Mond • Angst

Wald • Stab • Haus • Kuchen • Stein
Krone • Tuch • Hase • Sichel • Ruf

der Honigkuchen,

4 Setze die Verben ein. Im Satz musst du sie trennen.

Eines Tages *gehen* _____ die Kinder mit ihren Eltern *los* .

Hänsel _____ Kieselsteine _____ . Im Wald

machen sie eine Pause und _____ sich _____ .

Mutter _____ ein Feuer _____ .

Dann _____ sie mit dem Vater _____ .

Die Kinder _____ allein im Wald _____ .

Sie _____ _____ , entdecken endlich ein Häuschen und

_____ _____ , dass das Dach aus Lebkuchen ist. Voll Freude

_____ sie große Stücke _____ . Plötzlich _____ eine alte

Frau _____ . Sie _____ Hänsel und Gretel in ihr Häuschen _____ .

losgehen
mitnehmen
ausruhen
anzünden
weggehen
zurückbleiben
herumirren
herausfinden
abbrechen
herauskommen
einladen

---

5 Trenne die zusammengesetzten Wörter. Schreibe alle Nomen mit Artikeln.

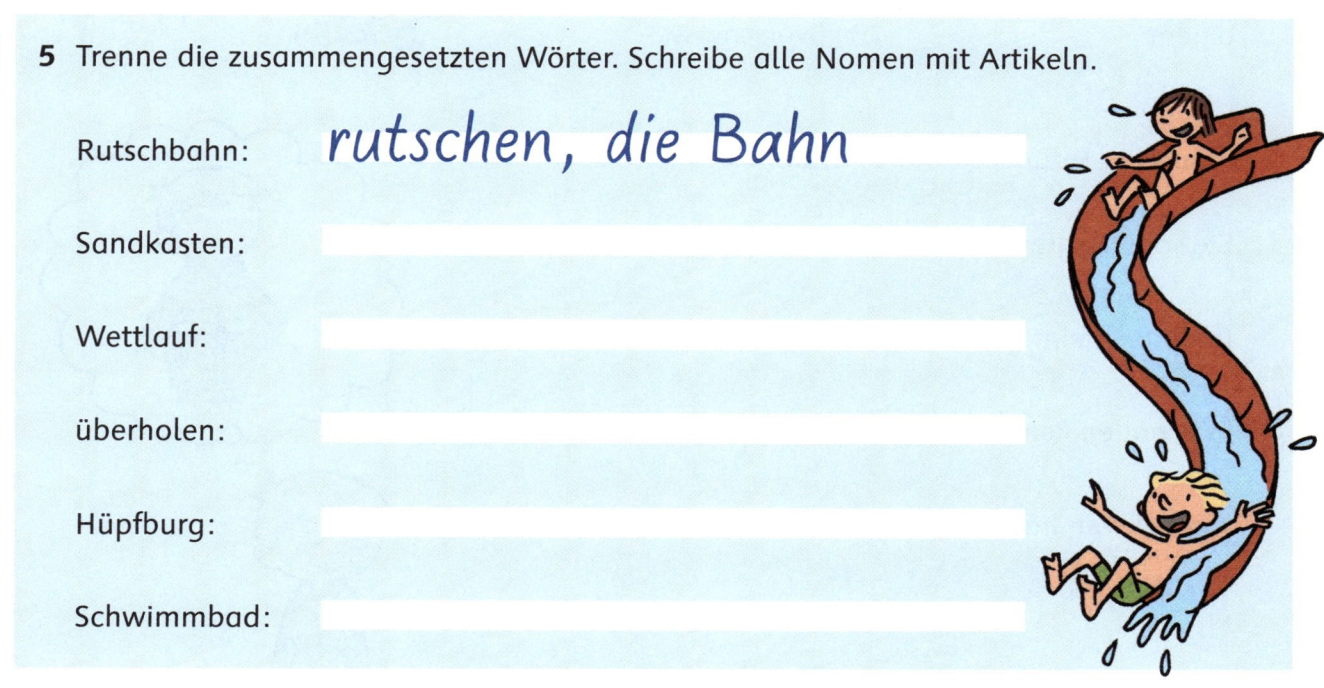

Rutschbahn: *rutschen, die Bahn* _____

Sandkasten: _____

Wettlauf: _____

überholen: _____

Hüpfburg: _____

Schwimmbad: _____

Adjektive

1 Lies den Text. Setze passende Adjektive vor die Nomen.

kalt • alt • frei • groß • leicht • neu

Heute bekommt Till eine *neue* _____ Jacke.

Seine _____ Jacke ist viel zu klein. Als er

mit Papa zum _____ Einkaufszentrum geht,

weht draußen _____ Wind.

Till spürt eine _____ Gänsehaut

an seinen _____ Handgelenken.

warm • breit • groß • nett

Im Geschäft sagt Papa zum _____ Verkäufer:

„Till braucht eine _____ Jacke,

mit einer _____ Kapuze und

einem _____ Reißverschluss.

flauschig • dunkel • glatt • silbern • rot

Sie sollte außen _____ Stoff

und innen ein _____ Futter haben.

Wir wollen keine _____ Farbe."

Am liebsten hätte Till eine _____ Jacke

mit _____ Streifen.

2 In jeder Reihe sind drei Adjektive.
Finde und unterstreiche sie.

spinnen betrachten <u>ofenfrisch</u> handwarm verstecken taghell

kugelrund mögen strohtrocken verpacken haarscharf denken

trödeln blitzschnell honigsüß schätzen prüfen wasserklar springen

3 Finde die versteckten Nomen in den Adjektiven und schreibe sie auf.

der Ofen,

4 Bilde zusammengesetzte Adjektive
und setze sie in den Text ein.

Riese • Mäuschen
Stock • Haus • Bär • Blitz

stark • groß • hoch
still • steif • gescheit

Beim Schachturnier war unser Erfolg *riesengroß* .

Mit unserer _____ Mannschaft

konnten wir das Turnier _____ gewinnen.

Meistens war es im Raum _____ .

Alle waren konzentriert. Ein Junge stand die ganze Zeit

_____ neben meinem Tisch und sah zu.

Toll war auch, dass eine Erstklässlerin einen Erwachsenen

geschlagen hat. Die ist wohl _____ .

Vergleichsstufen

1 Wer spricht? Setze passende Punkte in die Sprachblasen.

Ich bin größer
als Mia und kleiner
als Lina.
○

Ich bin am
größten.
○

Ich bin am
kleinsten.
○

Ich bin größer
als Lilly.
○

Ich bin größer
als Mia und Lilly.
○

Ich bin kleiner
als Lilly.
○

Mia
●

Lilly
●

Lina
●

2 Lang, länger, am längsten. Vergleiche die Haare der Mädchen.

Mias Haare

Linas

Lillys

3 Vergleiche, was die Jungen essen: viel, mehr, am …

Leon isst viel.

Paul

4 Vergleiche, wann die Wecker klingeln: spät, …

Leons Wecker klingelt

Pauls

5 Immer drei Karten gehören zusammen.
Setze passende Punkte auf die Karten.

Ana-
konda
200 kg

Grille 60 cm

Floh 30 cm

Pottwal
50 000 kg

Heuschrecke
75 cm

Hummel
16 km/h

Schwärmer
50 km/h

BRRRRR

Stubenfliege
8 km/h

Seeelefant
3500 kg

● schnell
(Fluggeschwindigkeit)

● weit
(Sprungweite)

● schwer
(Gewicht)

6 Schreibe Vergleiche zu den Tieren von Aufgabe 5.

Die Grille springt weiter als

Wortfamilien

1 Ordne die Wortfamilien den Luftballons zu.

zahlen   fahren   fühlen   zählen   anfühlen   Fahrer

verzählen   einfühlsam   mitfühlend   Gefühl   Fähre

Zahl   abfahren   Fühler   bezahlen   Gefahr

vollzählig   Fahrbahn   Einfahrt   Anzahlung   fühlbar

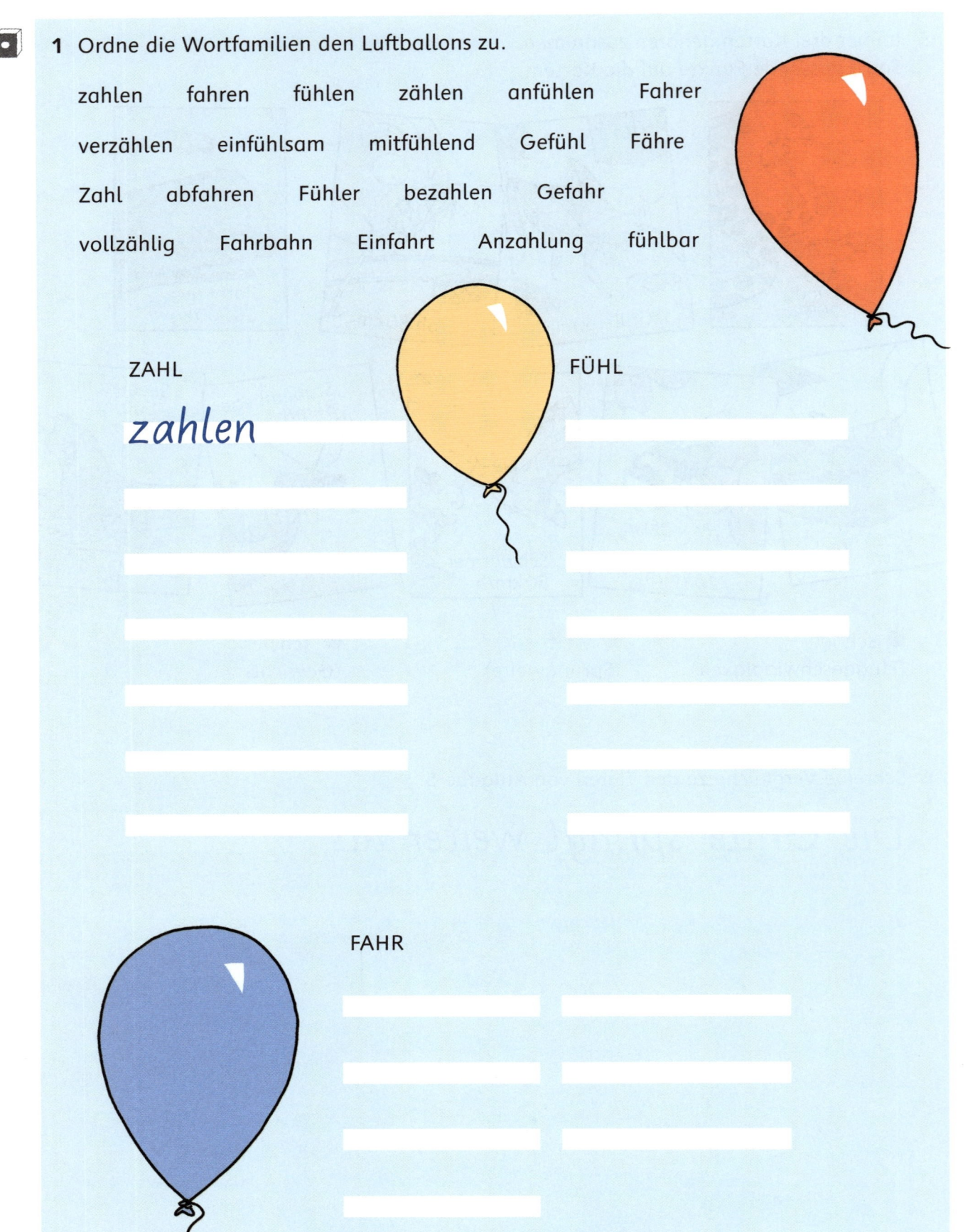

ZAHL

zahlen

FÜHL

FAHR

2 Ordne die Wörter in die Tabelle.

Wachsstifte   Rührlöffel   wachsen   Ahnung   ahnen   gewachst
schmutzig   berührend   Schmutz   rühren   beschmutzen   ahnungslos

Nomen	Verben	Adjektive
Wachsstifte	*wachsen*	*gewachst*

3 Bilde Wörter der Wortfamilien **wohnen** und **fehlen**.
Unterstreiche in jedem Wort den Wortstamm.

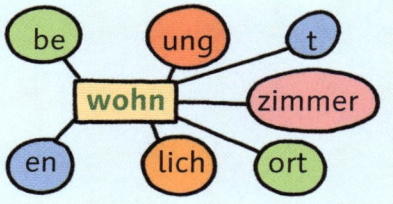

wohn: *bewohnt,*

fehl:

Satzglieder

1 Bilde mit jedem Fächer zwei Aussagesätze.
Denke an den Satzanfang und das Satzschlusszeichen.

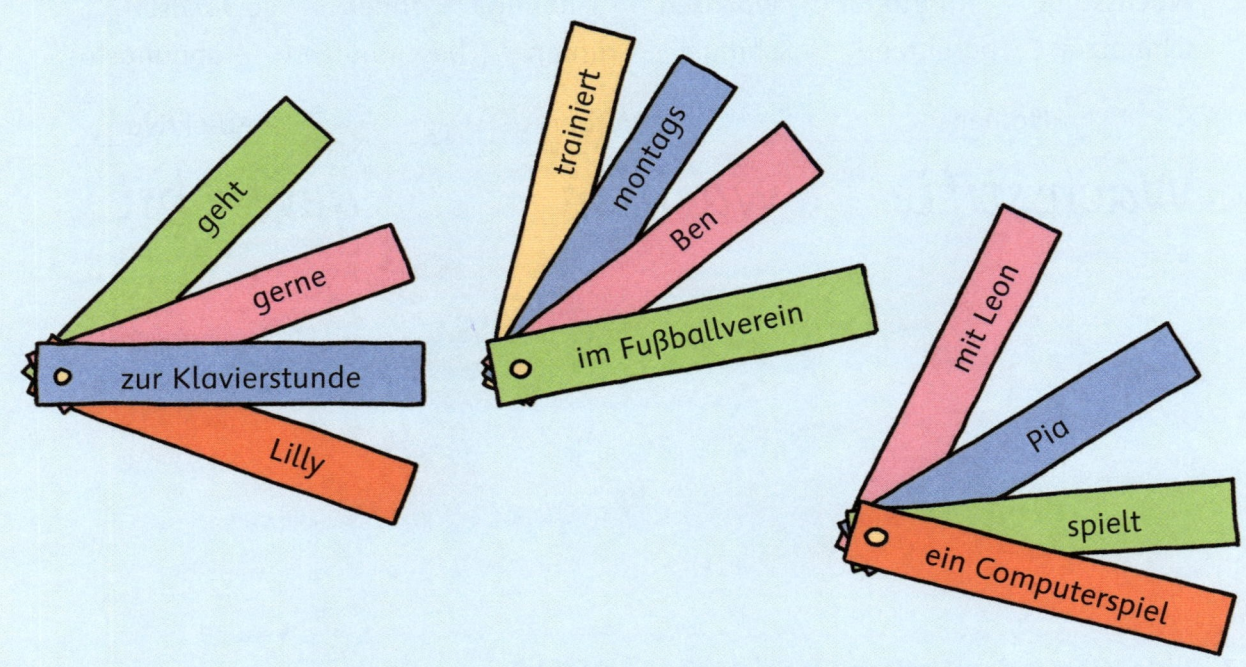

Gerne geht Lilly zur Klavierstunde.

Zur Klavierstunde

2 Bilde aus jedem Satzfächer von Aufgabe 1 zwei Fragesätze.

Geht Lilly

3 Stelle den Satz dreimal um. Finde die fünf Satzglieder.
Unterstreiche sie in unterschiedlichen Farben.

Ich mache mit meinem Bruder eine Radtour an den Bodensee.

Subjekt und Prädikat

1 Finde zu jedem Subjekt ein passendes Prädikat.
Setze am Satzende einen Punkt.

kriecht • bellt • blühen • sticht • zwitschert • scheint • spielen

Die Sonne   *scheint.*

Die Schnecke

Der Hund

Die Blumen

Der Vogel

Die Wespe

Die Kinder

2 Finde zu jedem Prädikat ein passendes Subjekt.
Schreibe den Satzanfang groß.

der Verkäufer • der Koch • der Gärtner • der Maurer
die Zahnärztin • der Musiklehrer • die Busfahrerin

Der Gärtner   gräbt.

                     lenkt.

                     kassiert.

                     bohrt.

                     kocht.

                     singt.

                     baut.

3 Welche Subjekte passen?
Verbinde zu sinnvollen Sätzen.

Die Sonne	laufen aus dem Haus.
Maxi und Leon	kriechen auf dem nassen Gehweg.
Sie	blitzt durch die Wolken.
Ein paar Regenwürmer	spüren noch die letzten Regentropfen.

Leon	legt sie in ein Glas.
Er	wollen sie in die Schule mitnehmen.
Die Kinder	hebt die zappelnden Würmer vorsichtig auf.

4 Schreibe die Sätze aus Aufgabe 3 auf.
Unterstreiche Subjekte blau und Prädikate rot.

Die Sonne blitzt durch die Wolken.

Wörtliche Rede und Redebegleitsätze

1 Schreibe zu jedem Redebegleitsatz die passende wörtliche Rede.
Denke an die Redezeichen.

Papa flüstert Emma ins Ohr: „*Komm, ich zeig dir was.*"

Jakob jubelt aufgeregt:

Ina winkt und ruft ungeduldig:

Lisa bettelt:

Hanno schluchzt:

Anna zischt:

2 Finde für jeden Redebegleitsatz ein passendes Verb.

Jakob zeigt auf einen riesigen Tiger

und **verkündet** : „Den will ich gewinnen."

Lisa rennt hinter ihrem Bruder her

und _____ : „Hanno, warte doch auf mich!"

Emma sieht die Zuckerwatte

und _____ : „Darf ich eine haben?"

Inas Knie blutet.

Sie _____ : „Es tut so weh!"

Anna öffnet ihr Los

und _____ : „Ich habe gewonnen!"

3 Denke dir passende wörtliche Reden aus.

Lutz hat Lisa mit Eis bekleckert. Er stottert erschrocken: _____

_____

Anna hat Halsschmerzen. Sie schluchzt: _____

_____

Lotta möchte gern gebrannte Mandeln. Sie bettelt: _____

_____

Ben ist hingefallen. Er jammert: _____

_____

Wörter, Wörter ...

1 Schreibe Wortketten aus zusammengesetzten Nomen.

Lampe • Fuß • Ball • spielen • Feld • Maus • Loch

Lampenfuß, Fußball,

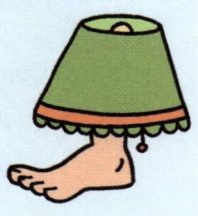

schlafen • Sofa • Kissen • Schlacht • Schiff • Schraube • ziehen

Nudeln • Suppe • Gemüse • Garten • Haus • Tier • handeln

2 Zerlege die zusammengesetzten in einzelne Wörter.

Bushaltestelle • Zugfahrkarte • Kopfhörerkabel
Hallenschwimmbad •Kaugummiautomat

der Bus, halten, stellen

Sprache untersuchen

3 Ergänze die Wörterketten.

Bahn   ⟶ Autobahn

Auto ⟶ Tür   ⟶ Autotür

                          ⟶

                          ⟶

baden ⟶ Hose   ⟶

                          ⟶

                          ⟶

kochen ⟶   ⟶

                          ⟶

4 Setze die Sprichwörter richtig zusammen.

hat Gold im Mund • sind drei • ist halbes Leid
verderben den Brei • kurze Beine

Aller guten Dinge *sind drei.*

Viele Köche

Lügen haben

Morgenstund

Geteiltes Leid

Informationen für Sachtexte

1 Schreibe die richtige Zwischenüberschrift über die Abschnitte.

Lage • Hauptstadt • Größe • Besonderheiten • Bevölkerung

Lage

Er liegt als einziger Erdteil
ganz auf der südlichen Halbkugel.
Australien ist vom Pazifischen
und Indischen Ozean umschlossen.

Australien ist der kleinste Kontinent,
auf dem Menschen leben.
Er ist nur 22-mal so groß wie Deutschland.

In Australien leben Menschen aus vielen Ländern.
Die Ureinwohner nennt man Aborigines.
Die Vorfahren der weißen Einwohner kamen
meist aus England ins Land.

Sydney ist die bekannteste australische Stadt,
aber die Hauptstadt heißt Canberra.

Australiens Tierwelt ist etwas ganz Besonderes.
Hier gibt es zum Beispiel Beuteltiere.
Die bekanntesten sind die Kängurus.
Berühmt sind auch die Korallenriffe vor der Küste
mit den vielen bunten Fischen.

2 Ordne die Stichworte wie in Aufgabe 1.
Nummeriere die Stichwortkästen.

Hauptstadt: Wellington ☐

etwa 4 Millionen Einwohner:
Europäer und Maori (Ureinwohner) 3

Schafe, große Weideflächen,
Vulkane, heiße Quellen ☐

Neuseeland: Inselstaat im
Pazifischen Ozean, 1600 Kilometer
östlich von Australien ☐

2 Hauptinseln und 700 kleinere
Inseln, Gesamtfläche etwas
größer als Italien ☐

3 Schreibe selbst einen kurzen Sachtext über Neuseeland.

Stichworte für Sachtexte

1 Betrachte das Bild und lies den Text. Kreuze die Stichworte an,
die zum Thema American Football gehören.

<table>
<tr>
<td>☐</td>
<td>
kleiner weißer Ball
zwei Einzelspieler
Schläger
Spielfeld: Platte mit Netz
Spieldauer unterschiedlich
Gewinner braucht mindestens
21 Punkte
</td>
<td>☐</td>
<td>
eiförmiger Ball aus Leder
2 Mannschaften mit 11 Spielern
Spielfeld groß wie Fußballfeld
Spieldauer 4-mal 15 Minuten
viele Punkte für „Touchdowns"
Schutzkleidung notwendig
höchste Punktzahl gewinnt
</td>
</tr>
</table>

Fußball finden Amerikaner ziemlich langweilig.
American Football dagegen lieben sie.
Dabei dreht sich alles um einen Ball aus Leder,
der aussieht wie ein Ei mit spitzen Enden.
Zwei Mannschaften mit elf Spielern
stehen sich auf dem Spielfeld gegenüber.
Das Spielfeld ist etwa so groß wie ein Fußballfeld.

Das Spiel dauert viermal fünfzehn Minuten.
Dabei muss der Ball so weit wie möglich
auf die gegnerische Spielfeldseite gelangen.
Die Stelle in der gegnerischen Seite,
an die der Ball getragen oder geworfen wird,
bestimmt die Punktzahl für die eigene Mannschaft.
Die meisten Punkte erzielen „Touchdowns", das ist,
wenn der Ball in der Endzone des Gegners landet.

Die Verteidiger versuchen, den Spieler
mit dem Ball in der Hand umzustoßen.
Deshalb ist es wichtig, dass alle Spieler
eine gute Schutzausrüstung tragen.
Dazu gehören Helme mit Schutzgitter,
Schulterpolster und Knieschoner.
Gewonnen hat, wer am Ende mehr Punkte hat.

2 Unterstreiche die angekreuzten Stichworte im Text.
Manchmal sind sie anders formuliert.

Texte verfassen

3 Unterstreiche in jedem Satz ein oder zwei wichtige Stichworte.

Die meisten <u>Sportarten</u> <u>trainieren</u> den Körper.

Man lernt auch, seine Bewegungen zu kontrollieren.

Sport zu treiben kann harte Arbeit sein.

Dies ist zum Beispiel beim Leistungssport der Fall.

Sport kann aber auch einfach nur Spaß machen.

Das englische Wort für Spaß ist „fun". Sportarten,

die nur Spaß machen, nennt man „Fun-Sport".

Gut daran ist, dass sich die Menschen dabei bewegen.

Gefährlich an „Fun-Sport" ist, dass manchmal

nicht ausreichend auf die Sicherheit geachtet wird.

Immer neue Fun-Sportarten begeistern die Menschen.

Oft sind es neue Sportgeräte, die diese Begeisterung auslösen,

zum Beispiel beim Inlineskating oder beim Snowboarden.

4 Wähle eine Sportart. Notiere dazu Stichworte wie in Aufgabe 1.

Zusammenfassungen

1 Lies den Text und die Zusammenfassungen.
Kreuze die passende Zusammenfassung an.

1961 flog zum ersten Mal ein Mensch mit einer Rakete ins All.
Es war ein russischer Astronaut, der die Erde mit einer Raumkapsel
umkreiste. Von da an machte die Raumfahrt riesige Fortschritte.
Am 20. Juli 1969 landete die erste Mondlandefähre auf dem Mond.
Die Amerikaner Armstrong und Aldrin waren die ersten Menschen,
die einen Fuß auf den Mond setzten. Vier Tage waren sie
mit ihrem Raumschiff „Apollo 11" dorthin unterwegs gewesen.

Heute gibt es sogar schon eine Raumstation im Weltall,
in der Wissenschaftler monatelang leben und arbeiten können.
Außerdem hat man viele Satelliten im Weltall ausgesetzt,
die Informationen empfangen und übertragen.
Deshalb können wir heute auf Knopfdruck mit Menschen
auf der anderen Seite der Erde telefonieren und
Fernsehsendungen per Satellitenantenne empfangen.

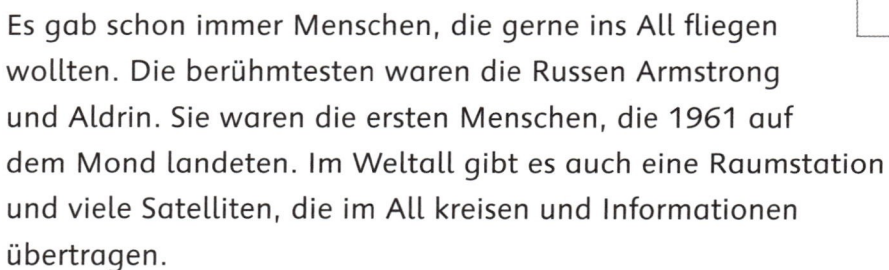

Es gab schon immer Menschen, die gerne ins All fliegen
wollten. Die berühmtesten waren die Russen Armstrong
und Aldrin. Sie waren die ersten Menschen, die 1961 auf
dem Mond landeten. Im Weltall gibt es auch eine Raumstation
und viele Satelliten, die im All kreisen und Informationen
übertragen. ☐

Der erste Mensch im All war der Russe Gagarin.
Er umkreiste 1961 die Erde in einer Raumkapsel.
Die ersten Menschen auf dem Mond waren Amerikaner.
Sie landeten dort 1969 mit der Mondlandefähre.
Heute gibt es im All eine Raumstation mit Wissenschaftlern.
Satelliten können Informationen empfangen und übertragen. ☐

2 Unterstreiche im Text die Informationen,
die auch in der Zusammenfassung stehen.

3 Unterstreiche im Text wichtige Stichwörter.

Viele Grüße aus dem Mondhotel.
Wir genießen den Blick auf die Erde,
die Schwerelosigkeit und
die galaktischen Lunar-Nudeln.

Dies könnte auf <u>Postkarten</u> stehen, die <u>bald</u> vom Mond auf die Erde
geschickt werden. Noch ist es nicht so weit, aber Experten glauben,
dass der Weltraum demnächst zum Touristenreiseziel wird.
Bisher konnten nur Superreiche ins Weltall reisen. Einer davon war
der amerikanische Millionär Dennis Tito. Er flog im Jahr 2001
zur Internationalen Raumstation ISS – für 20 Millionen Dollar.
Das soll in Zukunft günstiger werden. Vielleicht werden wir
unsere Ferien schon bald im Weltraum verbringen.

4 Schreibe mit deinen Stichwörtern
eine Zusammenfassung zum Text.

Bald könnten Postkarten

Fragen zum Text

1 Hurra, Slackline auf unserem Pausenhof! Lies den Text.
Kreuze die passenden Antworten an.

släcklein

„Was ist denn das für ein gelbes Päckchen?",
fragten die Kinder ihren Lehrer Herrn Linus.
„Tja, das ist ein neues Spiel für unseren Pausenhof!",
antwortete er geheimnisvoll. „Wer kann mir beim Aufbauen helfen?"
Natürlich waren alle gleich dabei und Herr Linus
packte das geheimnisvolle Päckchen langsam aus.

Ein langes, blaues Band kam zum Vorschein.
Da schaute aber Herr Linus in lauter enttäuschte Gesichter.
„Jetzt lasst uns das Band erst einmal spannen!" meinte er.
Das war aber gar nicht einfach. Es dauerte die ganze Pause.
Das Band war sehr lang und die Kinder mussten zuerst
nach zwei passenden Bäumen Ausschau halten,
die einen mindestens 150 cm dicken Stamm hatten.

Aber wie waren die Kinder erstaunt, als Herr Linus plötzlich
auf das Band sprang und wie ein Zirkuskünstler darauf balancierte.
Jetzt wollten plötzlich alle Kinder auf dem Band balancieren.

	Ja	Nein
War das Päckchen blau?		
Müssen die Baumstämme mindestens 150 cm dick sein?		
Waren die Gesichter der Kinder zuerst enttäuscht?		
Sagte Herr Linus: Jetzt lasst uns das Band erst einmal aufbauen.		
Sagte Herr Linus: Jetzt lasst uns das Band erst einmal spannen.		
Ging der Aufbau des Bandes schnell?		

2 Lies den Text. Kreuze nur die Fragen an, die zum Text passen.

Die Sportart Slackline ist eine recht junge Sportart.
Sie entwickelte sich 1980 aus einem Hobby in den USA.
Nach Europa brachte sie der Extremkletterer Heinz Zak.
Zum Slacken (sprich *släcken*) braucht man ein flaches Band
von mindestens 3 cm Breite und zwei dicke Pfosten.

Je breiter das Band, umso leichter kann man darauf balancieren.
Am besten spannt man das Band zu Beginn der Übungen niedrig.
So kann man gut absteigen, wenn man das Gleichgewicht verliert.
Bekannte Skirennläufer wie Ingemar Stenmark oder Bode Miller
haben mit der Slackline ihr Gleichgewicht geschult und danach
große Erfolge bei den Olympischen Spielen erzielt.

- [ ] 1. Wann wurde Slackline erfunden?
- [ ] 2. Wann finden die Olympischen Winterspiele statt?
- [ ] 3. Hilft das Üben mit der Slackline dem Gleichgewicht?
- [ ] 4. Warum sollte das Band möglichst breit sein?
- [ ] 5. Wer brachte Slackline nach Europa?

3 Schreibe die Antworten zu den angekreuzten Fragen.

Steckbriefe

1 Trage die Informationen an der richtigen Stelle
in den Steckbrief ein.

> Kaiserpinguin • Pinguine können nicht fliegen • bis zu 1,20 Meter
> Meer und Küste • schwarz-weißes Federkleid • bis zu 20 Jahre
> Haubenpinguine • Fische, Krill • Seeleopard, Orca

Name: *Kaiserpinguin*

Größe:

Aussehen:

Alter:

Lebensraum:

Nahrung:

Feinde:

Verwandte:

Besonderheiten:

Texte verfassen

2 Ergänze den Steckbrief.

Name: *Löwe*

Nahrung:

Lebensraum:

Verwandte:

Aussehen:

3 Schreibe den Steckbrief des Löwen in ganzen Sätzen.

Der Löwe

Briefe

1 Trage die fehlenden Angaben auf Brief und Umschlag ein.

Lieber Opa Gerd,
17.9.2013
Viele liebe Grüße
Dein Merlin

Gerhard Berg
Waldstraße 1
88677 Markdorf

Merlin Berg
Sonnenhof
21339 Lüneburg

Lieber _____

wie geht es Dir? Ich bin jetzt schon drei Tage mit
meiner Klasse auf dem Bauernhof und es gefällt mir sehr gut.
Ich schlafe mit Yannik, Max und Carl in einem Zimmer.
Hier ist jeden Tag was los: Gestern mussten wir Holz
fürs Lagerfeuer sammeln. Abends haben wir dann
Würstchen und Stockbrote gegrillt. Das hat Spaß gemacht!
Bitte grüße Oma und gib Basco ein Leckerli von mir.

_____

_____

Absender

_____

_____

_____

Adresse

_____

_____

_____

2 Merlin schreibt eine Postkarte an seine Familie.
Überlege dir einen Text.

Adresse

Familie Berg
Kaiserstraße 5

73732 Esslingen

3 Was gehört zu welcher Post? Kreuze die richtigen Stichwörter an.

	Brief	Postkarte	E-Mail
Briefmarke	X		
Umschlag			
Papier			
Postbote			
Computer			
Postadresse			
E-Mail-Adresse			

Geschichtenanfänge

1 Lies den Text.

Anna seufzte. Jetzt saßen sie schon so lange
und noch immer hatte kein Fisch angebissen.
Vorsichtig schaute sie zu ihrem Vater hinüber.

Der saß ganz ruhig da und schaute
auf die reglos daliegende Wasserfläche hinaus.
„Du, Papa", begann Anna.
Aber ihr Vater schüttelte nur den Kopf.
Puh, wie langweilig das war! Und so schwül!
Das sollte nun der tolle Ausflug sein,
den ihr Vater ihr versprochen hatte!
Ab und zu schwirrte eine Fliege um ihn herum,
sonst … Da! Ein Ruck ging durch die Angel.
„Papa", flüsterte Anna aufgeregt.
„He, Papa, guck mal!"

2 Welcher Geschichtenanfang passt zum Text oben?
Kreuze die passenden Stichwörter an.

☐	☐	☐
die ganze Familie See Picknick Sonntag heiß	Klasse 3b letzter Schultag Freibad Rutsche	freier Tag Versprechen Papa Ausflug See angeln

3 Schreibe die angekreuzten Stichwörter auf.

freier Tag,

4 Schreibe mit den angekreuzten Stichwörtern
einen Geschichtenanfang für den Angelausflug.

5 Unterstreiche in den drei Geschichtenanfängen die Informationen:
Wer? Wann? Wo? Kreuze den Geschichtenanfang an, der am besten informiert.

Weil ich Schlafpartys liebe, hatte ich alle zu mir eingeladen,
und Sophie, Melissa und Kathi kamen auch. Gerade hatten wir
unsere Schlafplätze eingerichtet, da klingelte es ...

Ich heiße Julia und ich liebe Schlafpartys. Deshalb hatte ich meine
Freundinnen eingeladen: Sophie, Melissa und Kathi. Sie kamen alle
pünktlich am Samstag um sechs zu mir und hatten ihre Schlafsäcke
und Kuscheltiere mitgebracht. Gerade hatten wir unsere Schlafplätze
in meinem Zimmer hergerichtet, da klingelte es ...

Meine Eltern wollten eigentlich nicht, dass meine Freundinnen
bei mir übernachten. Aber ich konnte sie schließlich umstimmen.
Gerade hatten wir am Samstagabend unsere Schlafplätze
eingerichtet, da klingelte es ...

Geschichten entwickeln

1 Ergänze die Gedankensammlung zum Thema **Sommerfest**.

> Kinder • Samstag • Kuchen • Grillwürste • Dosenwerfen • Saft
> 12. Juni • Lehrerinnen • Balancieren • Tauziehen • Eltern
> Waldschule • Freunde • Kaffee • Seifenblasen • Sportplatz

Samstag

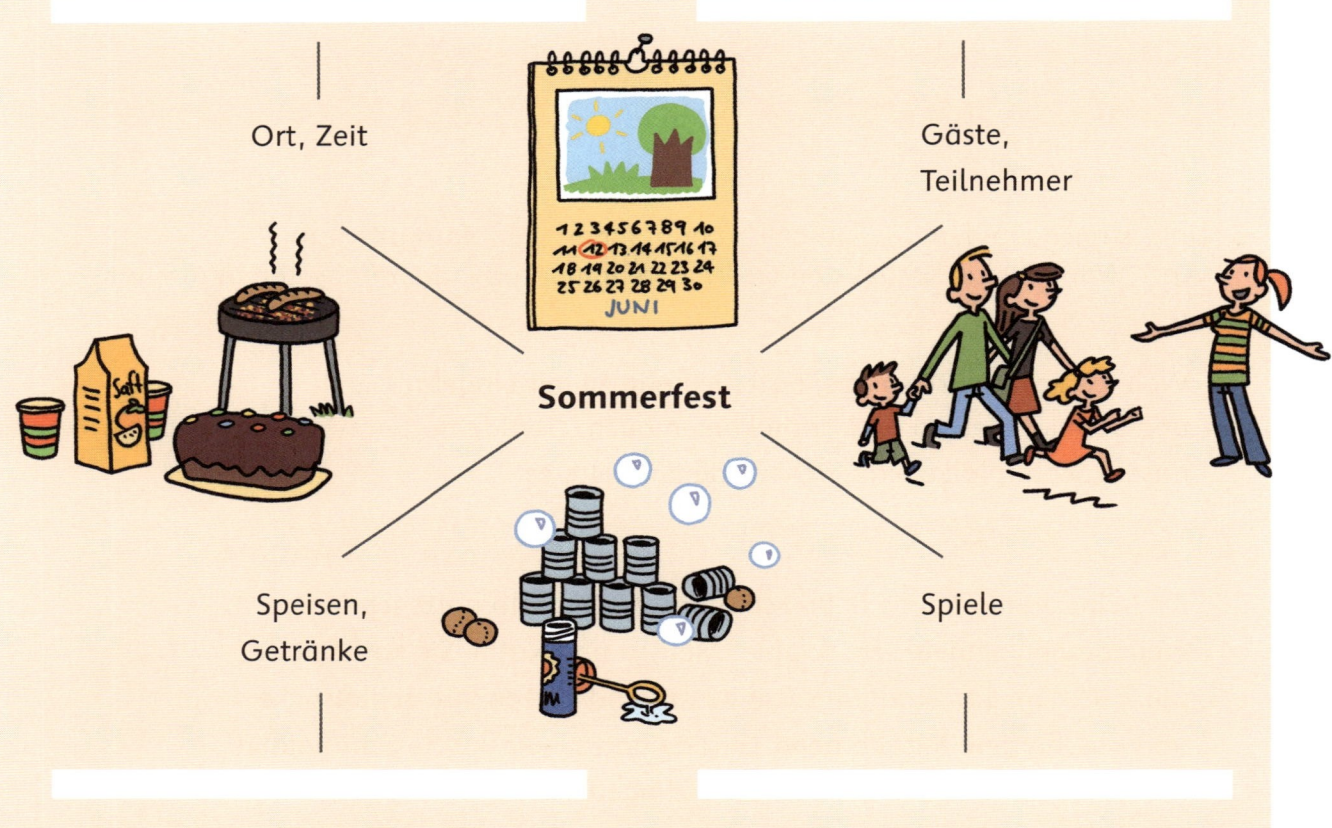

Ort, Zeit

Sommerfest

Gäste, Teilnehmer

Speisen, Getränke

Spiele

2 Ergänze die Gedankensammlung zum Thema **Klassenfahrt.**

Klassenfahrt

3 Überlege dir selbst ein Thema.
Ergänze die Gedankensammlung.

Geschichtenaufbau

1 Nummeriere Einleitung (= 1), Hauptteil (= 2) und Schluss (= 3).
Schreibe die Geschichte geordnet auf.

☐ Jeder Tag war schöner als der andere, aber ein Erlebnis werde ich so schnell nicht vergessen. Wir machten eine Wattwanderung bei Ebbe und fanden viele schöne Muscheln und andere Tiere. Aber wir mussten uns beeilen, denn das Wasser kam schnell wieder zurück.

☐ Glücklich und zufrieden machten wir uns nach zwei Wochen wieder auf den Rückweg.

☐ In den Ferien fuhren meine Eltern und ich mit dem Zug an die Nordsee.

2 Nur eine Einleitung und ein Hauptteil passen zusammen.
Kreuze die beiden Kästen an.

☐ Mitten in der Nacht rüttelte meine Schwester an meinem Bett.

☐ „Schuhe aus, Hände waschen", rief sie. Gleich gibt es zur Feier des Tages dein Lieblingsessen. Pizza! Und dazu …

☐ An meinem Geburtstag wurde ich von meiner Mutter geweckt.

☐ „Herzlichen Glückwunsch", rief sie und führte mich zum geschmückten Frühstückstisch. Auf dem Kuchen brannten Kerzen. Aber wo waren die Geschenke? Mir kamen fast die Tränen. Da schaute ich aus dem Fenster und sah …

☐ Gestern Nachmittag rief meine Freundin an:

3 Erfinde einen Schluss für die Geschichte.

_____

_____

_____

_____

_____

_____

_____

_____

Wörtliche Rede in Geschichten

1 Schreibe die wörtliche Rede
an die passenden Stellen der Geschichte.

> Er jammerte: „Jetzt bin ich doch schon so groß und weiß immer
> noch nicht, wie schön die Aussicht vom Felsen aus ist!"

> Sie sagte: „Klettere einfach
> rückwärts wieder hinunter,
> das ist einfacher."

> Begeistert rief er:
> „Oh, wie ist es
> schön hier oben!"

Der kleine Ziegenbock wollte einmal genauso
hoch klettern, wie seine Mutter.

Er jammerte:

Er kletterte und kletterte und genoss die schöne Aussicht ganz oben.

Als er wieder hinuntersteigen wollte, bekam er es mit der Angst zu tun.
Seine Mutter gab ihm den Rat, mit den Hinterbeinen zuerst hinunterzusteigen.

Glücklich kam der kleine Ziegenbock schließlich mit seinem
Ziegenstummelschwänzchen voran wieder unten an.

Texte verfassen

2 Schreibe, was die Geschwister sagen könnten.

Seine Schwester tröstete ihn:

_____

_____

Sein Bruder machte ihm Mut:

_____

_____

Als das Böcklein am nächsten Tag mit seinem Ziegenstummelschwänzchen voraus den Berg herunterkam, waren alle sehr stolz auf ihren kleinen Bruder.

3 Stell dir vor, die Ziegengeschwister streiten. Schreibe auf, was sie sagen.

Zicklein Anna beleidigt ihren Bruder Anton:

_____

_____

Ziegenbock Anton verpetzt Anna bei den Eltern:

_____

_____

_____

Texte überarbeiten

1 Finde die zehn Fehler im Text und male sie an.

in der großen Pause trifft nina

ihren allerbesten freund Linus.

„Wollen wir an der kletterwand üben?",

fragt si ihn. „Au ja, gerne!", meint Linus.

„Aber vorher essen wir unser pausenbrot."

hungrig teilen die beiden ihre Brotdosen.

Linus mag di Köstlichkeiten von Nina

und umgekehrt. danach macht das Klettern

doppelt so viel Schpaß.

2 Schreibe die Geschichte ohne Fehler ab.

In der großen Pause

3 Johanna hat vier Wörter in ihrer Geschichte vergessen.
Markiere die Stellen. Schreibe die Geschichte vollständig auf.

Die Kinder klettern an Kletterwand.
Sie versuchen, von ihrem Standort aus
möglichst Griffe berühren.
Linus Nina, welchen Griff sie
als Nächstes nehmen muss.
Wer gewinnen?

Die Kinder klettern

 4 Auf was achtest du beim Überarbeiten eines Textes?
Nenne fünf Punkte.

Gedichte

1 Setze die Zeilen des Zauberspruchs
an den passenden Stellen ein.

Nimm Entenfedern, Löwenzahn

und einen

_____

Sprich Hunke-munke-mops dabei

_____

Schmier dir die Nasenspitze ein

_____

Und schwebst du nun nicht in die Nacht –

_____

und mische einen dicken Brei.

und einen Löffel Lebertran.

dann hast du was verkehrt gemacht.

und stell dich in den Mondenschein.

Texte verfassen

2 Setze die Zeilen des Zauberspruchs passend zusammen.

simsalabim

simsalabum

dreh dich nicht um

simsalabein

ein schwarzer Aff

simsalabaff

raus bist du

was willst du sein

simsalabaum

ein Apfelbaum

simsalabu

es ist halb so schlimm

3 Denke dir selbst einen Zauberspruch aus. Die Reimwörter helfen dir.

bei – frei • her – schwer • los – groß

1. Jo-Jo-Seite

1 In jeder Reihe sind drei Nomen versteckt. Schreibe sie mit dem Artikel auf.

Punkte
6

WIND KALT WAND GEFAHR REGNEN WARM LÄUFT
BLATT LAUB WEHEN GLÄNZT DREHT HIMMEL FRISCH

2 Finde heraus, wo die Sätze enden. Setze die Satzschlusszeichen.

Punkte
5

Wenn es Herbst wird, regnet es oft die Blätter werden bunt
und fallen herunter wir freuen uns über die Kastanien
wir sammeln sie auf und basteln lustige Figuren mit ihnen
was magst du am Herbst

3 Schreibe den Text ab. Überlege, worauf du achten musst.

Punkte
9

4 Schreibe die Nomen mit Artikel in der Einzahl und Mehrzahl auf.
Markiere, was sich in der Mehrzahl verändert hat.

Punkte
8

zu den Sprachbuchkapiteln 1–3:
Nomen erkennen; Großschreibung von Nomen am Satzanfang an-
wenden; Satzschlusszeichen setzen; Einzahl und Mehrzahl bilden

2. Jo-Jo-Seite

1 In dem Gedicht fehlen folgende Satzschlusszeichen: vier Punkte, ein Fragezeichen, vier Ausrufezeichen. Setze sie ein.

Punkte
9 |

Wind, Wind blase
Im Feld sitzt ein Hase
Er frisst den schönen, fetten Kohl
Wer jagt das kleine Häschen wohl
Wind, Wind blase

Wind, Wind heule
Im Dach wohnt eine Eule
Die ärgert sich den ganzen Tag,
dass sie kein Mensch mehr leiden mag
Wind, Wind heule

2 Setze die Verben in der richtigen Form ein.

Punkte
6 |

blasen • jagen • sitzen • ärgern • essen • fressen

Der Wind   ums Haus. Im Feld   ein Hase.

Ich   keinen Kohl. Der Hase   ihn gern.

Du   dich über das Wetter. Wir   den Blättern nach.

3 In jedem Nomen versteckt sich ein Verb.
Schreibe es in der Grundform daneben.

Punkte
4 |

Wohnhaus   Regenwetter

Erntekorb   Blätterjagd

4 b oder p? g oder k? Setze die richtigen Buchstaben ein.

Punkte
12 |

er lie t   sie trei t   er stei t   du blei st

sie flie t   er ja t   du sa st   es schwe t

du fra st   sie schie t   er schrei t   es zei t

zu den Sprachbuchkapiteln 1–3:
Satzschlusszeichen setzen; Personalformen bilden und einsetzen; Verben entdecken
und die Grundform bilden; Verben mit Auslautverhärtung richtig schreiben

75

3. Jo-Jo-Seite

1 Unterstreiche alle Adjektive im Text.

Punkte
15

König Drosselbart

Ein König hatte eine Tochter, die war wunderschön, aber dabei
so stolz und übermütig, dass ihr kein Freier gut genug war.
Einmal gab der König ein großes Fest und lud von überall
die heiratslustigen Männer ein. Sie wurden in einer langen Reihe
geordnet. Dann ward die Königstochter durch die Reihen
geführt, aber an jedem hatte sie etwas auszusetzen. Der eine war
zu dick. Der andere zu lang. Der Dritte zu kurz. Der Vierte zu blass.
Der Fünfte zu rot ... Besonders aber machte sie sich über einen
guten König lustig, dessen Kinn etwas krumm gewachsen war.
„Ei", rief sie und lachte, „der hat ein Kinn wie die Drossel einen
Schnabel!" Und so bekam er den Namen Drosselbart.

2 Verbinde die passenden Adjektive und Nomen.
Schreibe Wortgruppen, zum Beispiel: *der dicke Prinz ...*

Punkte
10

gut	Kinn
groß	Prinzessin
lang	König
krumm	Fest
schön	Reihe

3 Wandle mit Hilfe der Wortbausteine -ig und -lich
die Nomen in Adjektive um.

Punkte
6

Lust
Fest
Fleiß
Glück
Vorsicht
König

zu den Sprachbuchkapiteln 1–3:
Adjektive erkennen; Adjektive Nomen zuordnen; Adjektive mit den
Wortbausteinen -ig und -lich bilden

4. Jo-Jo-Seite

1 Lies den Text. Unterstreiche wörtliche Reden.
Setze danach die passenden Redezeichen.

Punkte
10

Die Grille und die Ameise

Die Grille hatte den ganzen Sommer lang täglich gesungen.

Doch als der Winter kam und Schnee fiel, hatte sie nichts zu essen

und fror jämmerlich. Vor Hunger klagte sie:

   Nirgends gibt es ein kleines Stück Fliegenspeck.

Schließlich ging sie zur Nachbarin, der Ameise.

Diese hatte gut für den Winter vorgesorgt.

Die Grille bat: Bitte borgen Sie mir ein wenig Brot.

Im Frühjahr werde ich es bezahlen.

Die Ameise fragte: Was taten Sie denn im Sommer?

Da antwortete die Grille: Ich sang tagein, tagaus.

Worauf die Ameise lachte und sagte: Ach, Sie sangen?

Dann tanzen Sie jetzt!

Nach La Fontaine

2 Setze **ah**, **eh**, **oh** und **uh** an der richtigen Stelle ein.

Punkte
4

B		r		f		men
J		ren		n		l
f		n		M		len

w		ren		H		l
S		nen		St		m
b		n		R		n

3 Schreibe die Wörter aus Aufgabe 2 auf.

Punkte
12

zu den Sprachbuchkapiteln 4–6:
wörtliche Rede erkennen; Anführungszeichen setzen;
Wörter mit Dehnungs-h richtig schreiben

77

5. Jo-Jo-Seite

1 Ergänze die passenden Pronomen auf den Kärtchen und im Text.

Punkte
8

Lena und Bastian sitzen am Computer. _____ wollen

ein neues Computerspiel ausprobieren. Lena schaltet das Gerät ein.

_____ drückt den Kopf am CD-Laufwerk. Bastian sucht inzwischen

die CD-ROM. _____ hat _____ gerade erst zum Geburtstag bekommen.

2 Setze die Verben in der richtigen Form ein.

Punkte
5

gewinnen • spielen • wählen • legen • lachen

Lena _____ die CD ein. Bastian _____ die Schwierigkeitsstufe.

Sie _____ gegen den Computer. Bastian _____ :

„Wir _____ , wir sind ein super Team!"

3 Unterstreiche alle Wörter im Text mit dem Wortstamm **KAUF/KÄUF**.

Punkte
9

Einkaufsbummel
Lena und Bastian gehen einkaufen. Sandra will als Erstes
ins Kaufhaus. Sie möchte ein Heft und einen Malkasten kaufen.
Die Verkäuferin packt alles in eine Einkaufstüte.
Bastian wartet, bis Lena ihre Einkäufe erledigt hat.

Dann gehen sie in den Blumenladen. Bastians Mutter hat
Geburtstag und er möchte ihre Lieblingsblumen kaufen.
Bastian hat seine alten Computerspiele verkauft. So hat er
genug Geld für einen schönen Blumenstrauß.

zu den Sprachbuchkapiteln 4–6:
Nomen durch Pronomen ersetzen; Personalformen bilden und
einsetzen; verwandte Wörter in einem Text erkennen

6. Jo-Jo-Seite

1 Ordne die Satzglieder zu sinnvollen Sätzen.

Punkte
12

| Nico | ein Aquarium | im Zimmer | hat |

| er | darin | hält | viele verschiedene Fische |

| regelmäßig | Nico | die Fische | versorgt |

2 Stelle den Satz dreimal um. Schreibe die drei Möglichkeiten auf.

Punkte
3

Tagsüber · sitzt · der Wasserfrosch · oft · auf einem Seerosenblatt.

3 Verbinde die Reimwörter.

Punkte
12

brennen	knurren	passen	fallen
murren	rennen	knallen	lassen
schnurren	schallen	kennen	fassen

zu den Sprachbuchkapiteln 4–6:
Satzglieder zu sinnvollen Sätzen ordnen; Satzglieder umstellen;
Verben mit doppeltem Mitlaut nach Reimwörtern ordnen

79

7. Jo-Jo-Seite

1 Lies den Text. Beantworte die Fragen.

Käfer bilden die größte Tiergruppe überhaupt. Viele ernähren sich von Pflanzensaft, andere von Tieren. Wieder andere fressen Holz, Wolle oder Kot. Die schnellen Laufkäfer sind Räuber. Der Marienkäfer frisst Blattläuse. Er wird manchmal als Junikäfer bezeichnet. Der echte Junikäfer gleicht eher dem Maikäfer. Unsere größten Käfer sind Hirschkäfer und Nashornkäfer.

Welche Käfer werden im Text genannt?

Punkte
6

Welches sind bei uns die größten Käfer?

Punkte
2

Welche Käfer sind sehr schnell?

Punkte
1

2 Übermale Gegensatzpaare, die zusammengehören, mit der gleichen Farbe.

Punkte
4

| leicht | | klein | | schwer | | groß |

3 Bilde die Vergleichsstufen und ordne sie in die Tabelle ein.

Punkte
12

Grundstufe	1. Vergleichsstufe	2. Vergleichsstufe

zu den Sprachbuchkapiteln 7–9:
Informationen aus Texten entnehmen; Gegensatzpaare und
Vergleichsstufen bilden

8. Jo-Jo-Seite

1 Verbinde die Satzteile, die zusammengehören.

Punkte
6

Alisa — suchen in Alisas Fach.

Alle Kinder — findet das Heft im Papierkorb.

Sie — sucht ihr Heft.

Alisa — rätseln, wie es dahin gekommen ist.

Sascha — helfen ihr dabei.

Die Kinder — schaut in ihrer Schultasche nach.

2 Schreibe den Text auf. Unterstreiche die Subjekte blau.

Punkte
6

3 Unterstreiche die Prädikate in Aufgabe 2 rot.

Punkte
6

4 Setze aa, ee und oo richtig ein.

Punkte
18

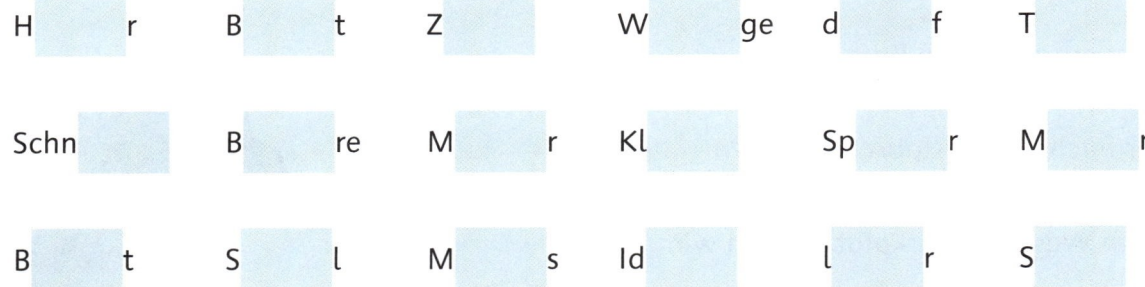

H___r   B___t   Z___   W___ge   d___f   T___

Schn___   B___re   M___r   Kl___   Sp___r   M___r

B___t   S___l   M___s   ld___   l___r   S___

zu den Sprachbuchkapiteln 7–9:
Satzteile verbinden; einen Text sinnentsprechend aufschreiben; Subjekt und
Prädikat kennzeichnen; Wörter mit doppelten Selbstlauten richtig schreiben

81

9. Jo-Jo-Seite

1 Nummeriere die Sätze in der richtigen Reihenfolge.

Punkte
6

[ ] Mit einem Jahr fing ich an zu laufen.

[ ] In den Kindergarten kam ich mit vier.

[ ] Ich wurde am 8. Januar geboren.

[ ] Heute gehe ich in die dritte Klasse.

[ ] Als ich in die Schule kam, konnte ich schon ein bisschen lesen.

[ ] Seit der zweiten Klasse ist Sport mein Lieblingsfach.

2 Setze aus den Wortbausteinen Verben zusammen.

Punkte
11

ver-	vor-	ab-	fahren
nach-	ein-	um-	fallen

fahren: _____

_____

fallen: _____

_____

3 Setze passende Verben mit Wortbausteinen aus Aufgabe 2 ein.

Punkte
4

Die Mauern der alten Burg sind _____ .

An der nächsten Ausfahrt müssen wir _____ .

Auf dem Weg zum Parkplatz haben wir uns _____ .

Schraube das Regal richtig fest, dann kann es nicht _____ .

zu den Sprachbuchkapiteln 7–9:
Sätze in der richtigen Reihenfolge ordnen; Verben mit Wortbausteinen zusammensetzen; Verben in einen Text einsetzen

10. Jo-Jo-Seite

1 Setze die Verben in der Gegenwart und in der Vergangenheit ein.

Punkte 12

lernen • gehen • unterrichten • haben • helfen • hüten

Heute _____ alle Kinder lesen. Sie _____ auch

regelmäßig zur Schule. In der Schule _____

ein Lehrer eine Klasse in einem Klassenraum. Zum Spielen

_____ die Kinder genügend Zeit. Nur wenige _____

den Eltern zu Hause oder _____ kleine Geschwister.

Früher _____ nicht alle Kinder lesen. Sie _____ auch

nicht regelmäßig zur Schule. In der Schule _____

ein Lehrer mehrere Klassen in einem Klassenraum. Zum Spielen

_____ die Kinder nur wenig Zeit. Sie _____

den Eltern auf dem Feld oder _____ kleine Geschwister.

2 Stelle den Satz zweimal um.

Punkte 2

Anna geht mit Robert am Sonntag zum Fußball.

_____

_____

_____

zu den Sprachbuchkapiteln 10–12:
Gegenwarts- und Vergangenheitsformen bilden und
in einen Text einsetzen; Satzglieder umstellen

83

11. Jo-Jo-Seite

1 Lies die Texte.
Kreuze bei jeder Aussage an, ob sie richtig oder falsch ist.

Punkte
4

Libellen sind nützliche Raubinsekten. Sie und ihre im Wasser lebenden Larven vertilgen Fliegen, Stechmücken und deren Larven.

Libellen können in der Luft stehen bleiben und sogar rückwärtsfliegen.

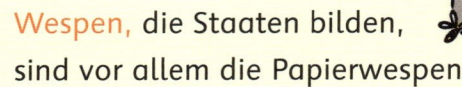

Wespen, die Staaten bilden, sind vor allem die Papierwespen.

Ihre kugeligen Nester bestehen aus papierartigem Stoff, den sie aus Holzfasern und Speichel herstellen.
In einem solchen Wespennest leben bis zu dreitausend Tiere.

	Richtig	Falsch
Libellen können rückwärtsfliegen.		
Libellen werden oft von Stechmücken angegriffen.		
Wespen stellen kugelige Nester her.		
Das Wespennest ist aus Gras und Blättern gebaut.		

2 Setze die Silben zu Wörtern zusammen.

Punkte
8

Bä	lo	tro	cken
	Zu	pflü	cker
dre	schme	we	ckig

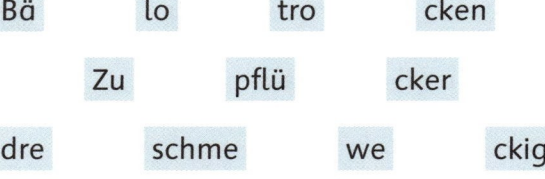   

3 Kennzeichne die beiden Wortfamilien mit unterschiedlichen Farben.

Punkte
8

| Wahl | | fehlen | | Fehler | | wählerisch |

| Fehlpass | | Wahllokal | | wählen | | fehlerfrei |

zu den Sprachbuchkapiteln 10–12:
Textverständnis überprüfen; Silben zu Wörtern mit ck zusammensetzen; Wörter mit Dehnungs-h nach Wortfamilien ordnen

12. Jo-Jo-Seite

1 Lies den Text.
Kreuze bei jeder Aussage an, ob sie richtig oder falsch ist.

Friedensreich Hundertwasser war ein berühmter Maler, der eigentlich
Friedrich Stowasser hieß. Er wurde am 15.12.1928 in Wien geboren.
Er nannte sich auch gerne „Dunkelbunt". Seine Lehrer in der Schule
lobten Friedrichs Freude am Malen und seinen Umgang mit Farben.
Seine Mutter wollte jedoch auf keinen Fall, dass ihr Sohn Maler wurde.
Nach dem Zweiten Weltkrieg reiste er durch viele Länder. Er bewunderte
die schönen Landschaften und beschloss, trotzdem Maler zu werden.
Als er 22 Jahre alt war, gab er sich einen neuen Namen: Aus Friedrich
wurde Friedensreich und aus Stowasser wurde Hundertwasser.
„Sto" bedeutet in slawischen Sprachen „hundert".
Hundertwasser malte und malte
und dachte sich auch Häuser aus,
wie ein richtiger Architekt, obwohl
er nie Architektur studiert hatte.
Seine Häuser sind wie seine Bilder:
fröhlich und bunt. In Wittenberg
gibt es sogar eine Schule –
die Hundertwasser-Schule.
Friedensreich Hundertwasser
starb im Jahr 2000.

	Richtig	Falsch
Friedensreich Hundertwasser war von Beruf Maler.		
Er nannte sich auch Dunkelpunkt.		
Er wurde in Wien geboren.		
Seine Mutter wollte, dass er Maler wird.		
Er reiste durch viele Länder.		
Hundertwasser studierte Architektur.		
Die Hundertwasser-Schule steht in Stuttgart.		
Hundertwasser malte Bilder und entwarf Häuser.		

Kontrollblätter zu den Jo-Jo-Seiten

1. Jo-Jo-Seite

1 In jeder Reihe sind drei Nomen versteckt. Schreibe sie mit dem Artikel auf. `Punkte 6`

WIND KALT WAND GEFAHR REGNEN WARM LÄUFT
BLATT LAUB WEHEN GLÄNZT DREHT HIMMEL FRISCH

der Wind, die Wand, die Gefahr,
das Blatt, das Laub, der Himmel

2 Finde heraus, wo die Sätze enden. Setze die Satzschlusszeichen. `Punkte 5`

Wenn es Herbst wird, regnet es oft, die Blätter werden bunt und fallen herunter, wir freuen uns über die Kastanien, wir sammeln sie auf und basteln lustige Figuren mit ihnen, was magst du am Herbst?

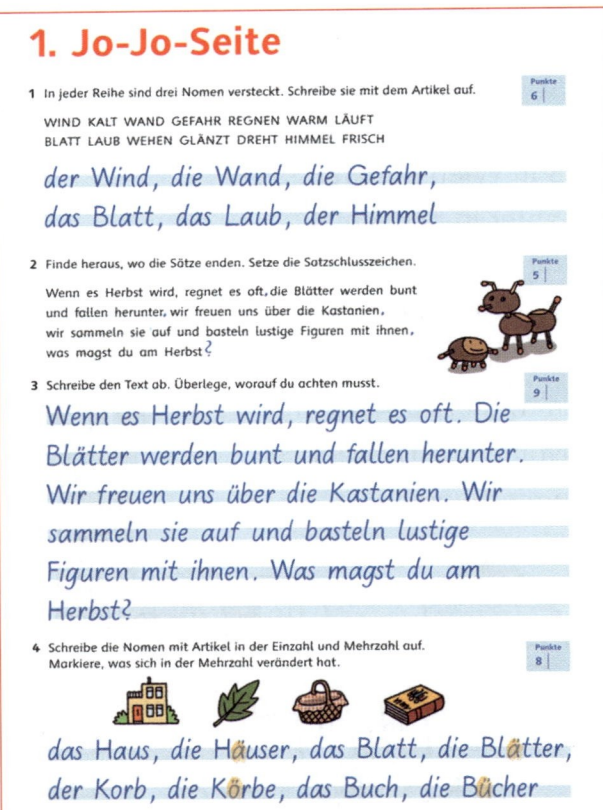

3 Schreibe den Text ab. Überlege, worauf du achten musst. `Punkte 9`

Wenn es Herbst wird, regnet es oft. Die
Blätter werden bunt und fallen herunter.
Wir freuen uns über die Kastanien. Wir
sammeln sie auf und basteln lustige
Figuren mit ihnen. Was magst du am
Herbst?

4 Schreibe die Nomen mit Artikel in der Einzahl und Mehrzahl auf. Markiere, was sich in der Mehrzahl verändert hat. `Punkte 8`

das Haus, die Häuser, das Blatt, die Blätter,
der Korb, die Körbe, das Buch, die Bücher

2. Jo-Jo-Seite

1 In dem Gedicht fehlen folgende Satzschlusszeichen: vier Punkte, ein Fragezeichen, vier Ausrufezeichen. Setze sie ein. `Punkte 9`

Wind, Wind blase!
Im Feld sitzt ein Hase.
Er frisst den schönen, fetten Kohl.
Wer jagt das kleine Häschen wohl?
Wind, Wind blase!

Wind, Wind heule!
Im Dach wohnt eine Eule.
Die ärgert sich den ganzen Tag,
dass sie kein Mensch mehr leiden mag.
Wind, Wind heule!

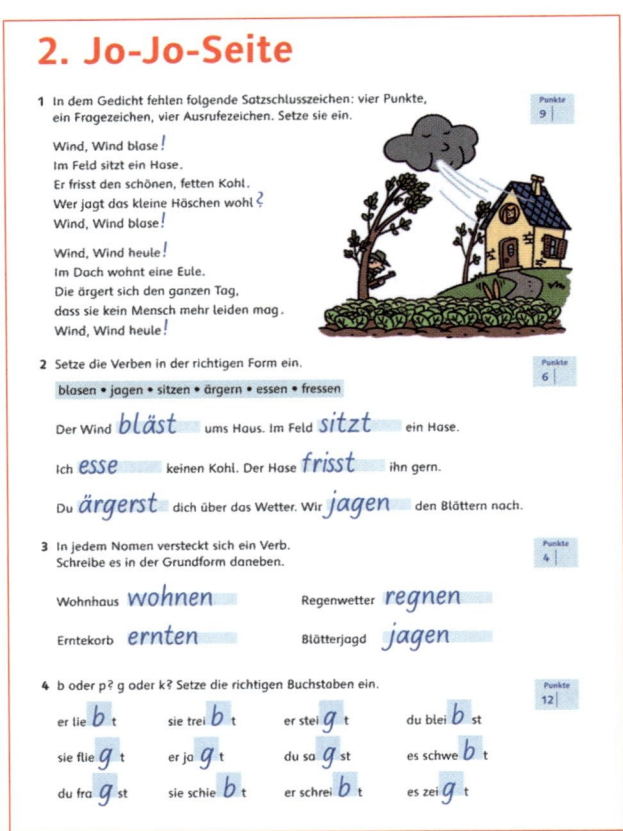

2 Setze die Verben in der richtigen Form ein. `Punkte 6`

blasen • jagen • sitzen • ärgern • essen • fressen

Der Wind *bläst* ums Haus. Im Feld *sitzt* ein Hase.

Ich *esse* keinen Kohl. Der Hase *frisst* ihn gern.

Du *ärgerst* dich über das Wetter. Wir *jagen* den Blättern nach.

3 In jedem Nomen versteckt sich ein Verb. Schreibe es in der Grundform daneben. `Punkte 4`

Wohnhaus *wohnen*   Regenwetter *regnen*

Erntekorb *ernten*   Blätterjagd *jagen*

4 b oder p? g oder k? Setze die richtigen Buchstaben ein. `Punkte 12`

er lie **b** t   sie trei **b** t   er stei **g** t   du blei **b** st

sie flie **g** t   er ja **g** t   du sa **g** st   es schwe **b** t

du fra **g** st   sie schie **b** t   er schrei **b** t   es zei **g** t

3. Jo-Jo-Seite

1 Unterstreiche alle Adjektive im Text. `Punkte 15`

König Drosselbart
Ein König hatte eine Tochter, die war wunderschön, aber dabei so stolz und übermütig, dass ihr kein Freier gut genug war. Einmal gab der König ein großes Fest und lud von überall die heiratslustigen Männer ein. Sie wurden in einer langen Reihe geordnet. Dann ward die Königstochter durch die Reihen geführt, aber an jedem hatte sie etwas auszusetzen. Der eine war zu dick. Der andere zu lang. Der Dritte zu kurz. Der Vierte zu blass. Der Fünfte zu rot ... Besonders aber machte sie sich über einen guten König lustig, dessen Kinn etwas krumm gewachsen war. „Ei", rief sie und lachte, „der hat ein Kinn wie die Drossel einen Schnabel!" Und so bekam er den Namen Drosselbart.

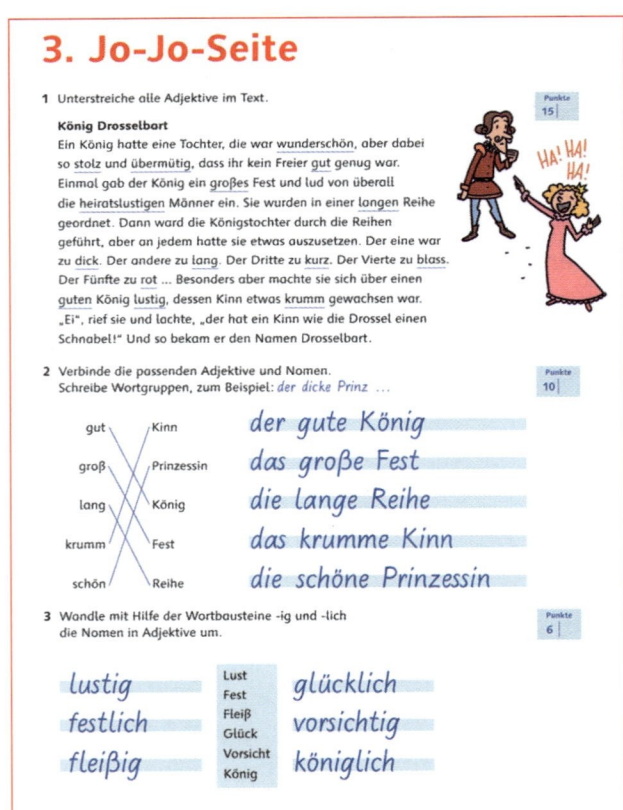

2 Verbinde die passenden Adjektive und Nomen. Schreibe Wortgruppen, zum Beispiel: *der dicke Prinz ...* `Punkte 10`

gut — König
groß — Prinzessin
lang — König
krumm — Fest
schön — Reihe

der gute König
das große Fest
die lange Reihe
das krumme Kinn
die schöne Prinzessin

3 Wandle mit Hilfe der Wortbausteine -ig und -lich die Nomen in Adjektive um. `Punkte 6`

lustig   Lust   *glücklich*
festlich   Fest / Fleiß / Glück   *vorsichtig*
fleißig   Vorsicht / König   *königlich*

4. Jo-Jo-Seite

1 Lies den Text. Unterstreiche wörtliche Reden. Setze danach die passenden Redezeichen. `Punkte 10`

Die Grille und die Ameise
Die Grille hatte den ganzen Sommer lang täglich gesungen. Doch als der Winter kam und Schnee fiel, hatte sie nichts zu essen und fror jämmerlich. Vor Hunger klagte sie:
„Nirgends gibt es ein kleines Stück Fliegenspeck."
Schließlich ging sie zur Nachbarin, der Ameise.
Diese hatte gut für den Winter vorgesorgt.
Die Grille bat: „Bitte borgen Sie mir ein wenig Brot. Im Frühjahr werde ich es bezahlen."
Die Ameise fragte: „Was taten Sie denn im Sommer?"
Da antwortete die Grille: „Ich sang tagein, tagaus."
Worauf die Ameise lachte und sagte: „Ach, Sie sangen? Dann tanzen Sie jetzt!"
Nach La Fontaine

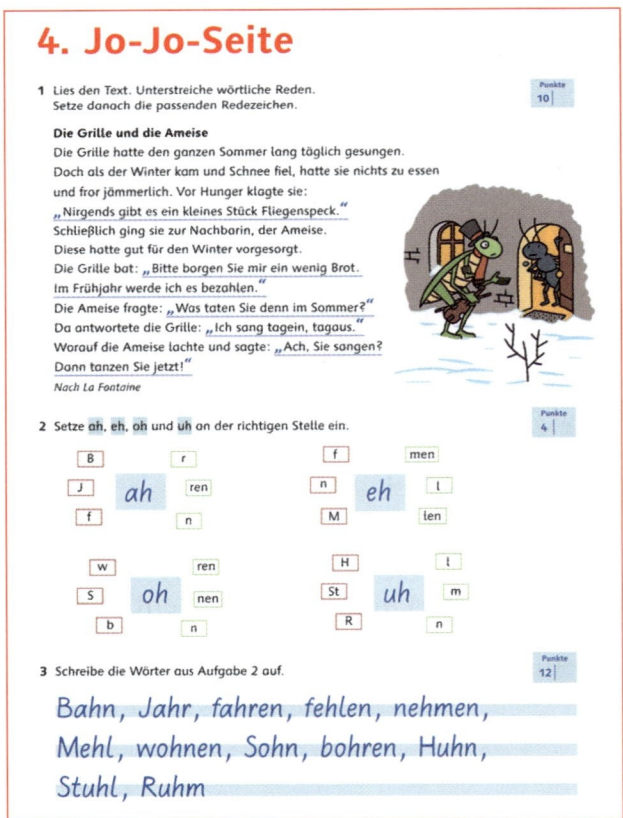

2 Setze ah, eh, oh und uh an der richtigen Stelle ein. `Punkte 4`

B | r   f | men
J *ah* ren   n *eh* l
f | n   M | len

w | ren   H | t
S *oh* nen   St *uh* m
b | n   R | n

3 Schreibe die Wörter aus Aufgabe 2 auf. `Punkte 12`

Bahn, Jahr, fahren, fehlen, nehmen,
Mehl, wohnen, Sohn, bohren, Huhn,
Stuhl, Ruhm

Kontrollblätter zu den Jo-Jo-Seiten

5. Jo-Jo-Seite

1 Ergänze die passenden Pronomen auf den Kärtchen und im Text.　**Punkte 8**

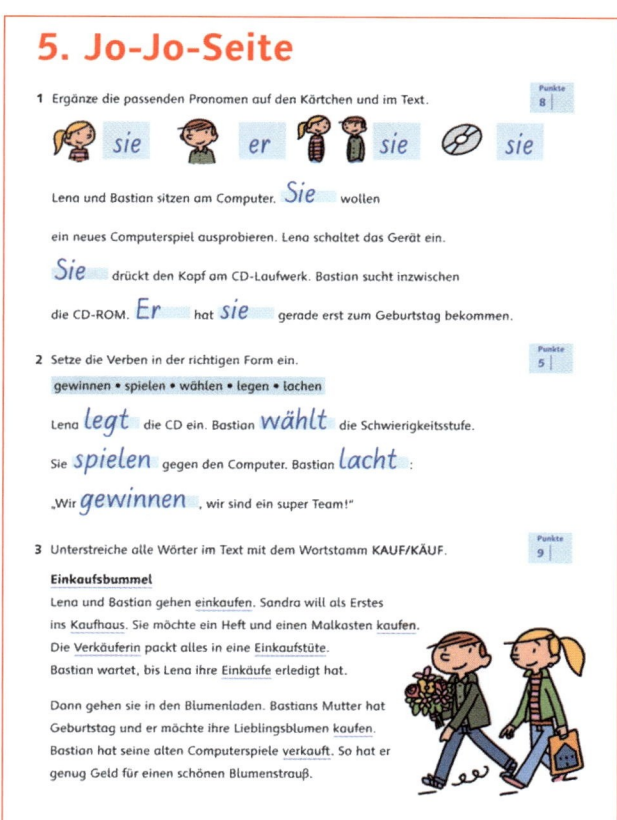

sie　er　sie　sie

Lena und Bastian sitzen am Computer. *Sie* wollen

ein neues Computerspiel ausprobieren. Lena schaltet das Gerät ein.

Sie drückt den Kopf am CD-Laufwerk. Bastian sucht inzwischen

die CD-ROM. *Er* hat *sie* gerade erst zum Geburtstag bekommen.

2 Setze die Verben in der richtigen Form ein.　**Punkte 5**

gewinnen • spielen • wählen • legen • lachen

Lena *legt* die CD ein. Bastian *wählt* die Schwierigkeitsstufe.

Sie *spielen* gegen den Computer. Bastian *lacht* :

„Wir *gewinnen* , wir sind ein super Team!"

3 Unterstreiche alle Wörter im Text mit dem Wortstamm KAUF/KÄUF.　**Punkte 9**

Einkaufsbummel

Lena und Bastian gehen einkaufen. Sandra will als Erstes
ins Kaufhaus. Sie möchte ein Heft und einen Malkasten kaufen.
Die Verkäuferin packt alles in eine Einkaufstüte.
Bastian wartet, bis Lena ihre Einkäufe erledigt hat.

Dann gehen sie in den Blumenladen. Bastians Mutter hat
Geburtstag und er möchte ihre Lieblingsblumen kaufen.
Bastian hat seine alten Computerspiele verkauft. So hat er
genug Geld für einen schönen Blumenstrauß.

6. Jo-Jo-Seite

1 Ordne die Satzglieder zu sinnvollen Sätzen.　**Punkte 12**

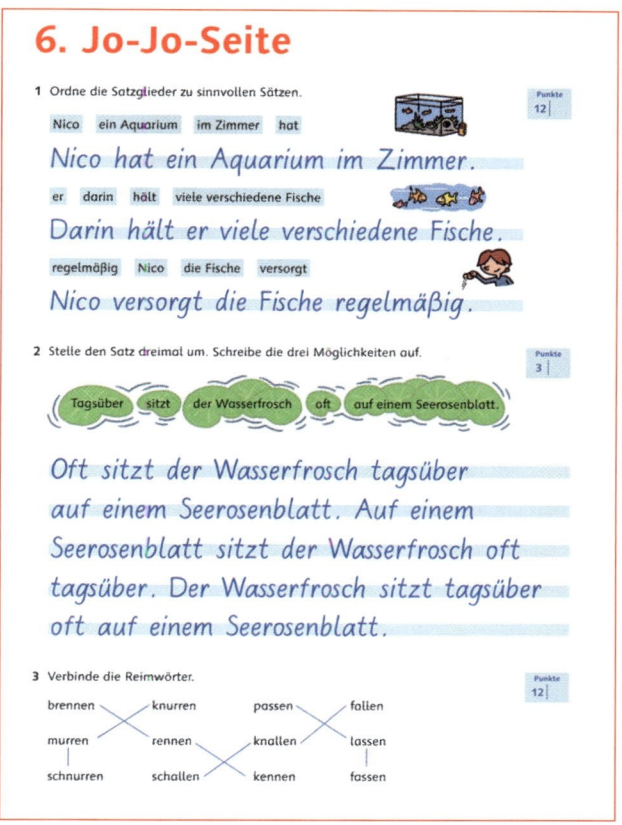

Nico　ein Aquarium　im Zimmer　hat

Nico hat ein Aquarium im Zimmer.

er　darin　hält　viele verschiedene Fische

Darin hält er viele verschiedene Fische.

regelmäßig　Nico　die Fische　versorgt

Nico versorgt die Fische regelmäßig.

2 Stelle den Satz dreimal um. Schreibe die drei Möglichkeiten auf.　**Punkte 3**

Tagsüber　sitzt　der Wasserfrosch　oft　auf einem Seerosenblatt.

Oft sitzt der Wasserfrosch tagsüber
auf einem Seerosenblatt. Auf einem
Seerosenblatt sitzt der Wasserfrosch oft
tagsüber. Der Wasserfrosch sitzt tagsüber
oft auf einem Seerosenblatt.

3 Verbinde die Reimwörter.　**Punkte 12**

brennen　　knurren　　passen　　fallen

murren　　rennen　　knallen　　lassen

schnurren　　schallen　　kennen　　fassen

7. Jo-Jo-Seite

1 Lies den Text. Beantworte die Fragen.

Käfer bilden die größte Tiergruppe überhaupt. Viele ernähren sich von
Pflanzensaft, andere von Tieren. Wieder andere fressen Holz, Wolle oder Kot.
Die schnellen Laufkäfer sind Räuber. Der Marienkäfer frisst Blattläuse.
Er wird manchmal als Junikäfer bezeichnet. Der echte Junikäfer gleicht eher
dem Maikäfer. Unsere größten Käfer sind Hirschkäfer und Nashornkäfer.

Welche Käfer werden im Text genannt?　**Punkte 6**

Laufkäfer, Marienkäfer, Junikäfer,
Maikäfer, Hirschkäfer, Nashornkäfer

Welches sind bei uns die größten Käfer?　**Punkte 2**

Hirschkäfer, Nashornkäfer

Welche Käfer sind sehr schnell?　**Punkte 1**

Laufkäfer

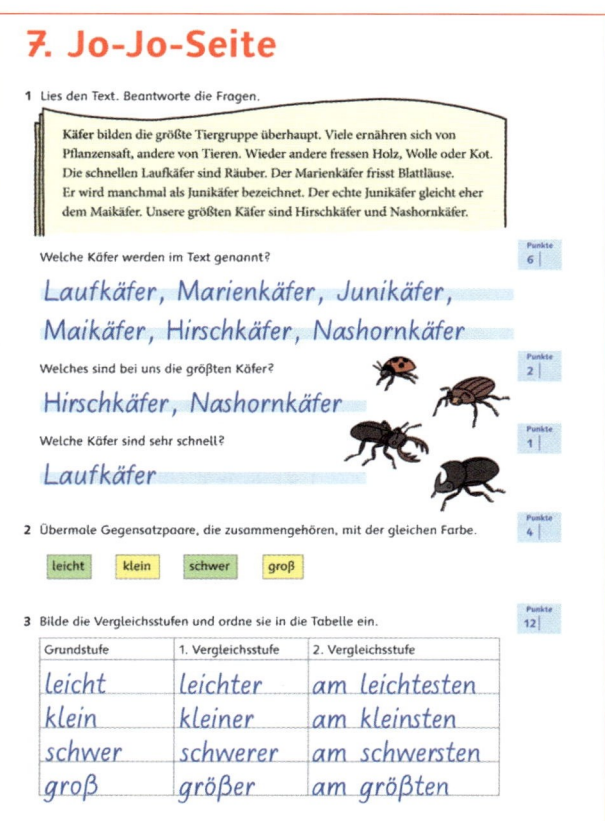

2 Übermale Gegensatzpaare, die zusammengehören, mit der gleichen Farbe.　**Punkte 4**

leicht　klein　schwer　groß

3 Bilde die Vergleichsstufen und ordne sie in die Tabelle ein.　**Punkte 12**

Grundstufe	1. Vergleichsstufe	2. Vergleichsstufe
leicht	*leichter*	*am leichtesten*
klein	*kleiner*	*am kleinsten*
schwer	*schwerer*	*am schwersten*
groß	*größer*	*am größten*

8. Jo-Jo-Seite

1 Verbinde die Satzteile, die zusammengehören.　**Punkte 6**

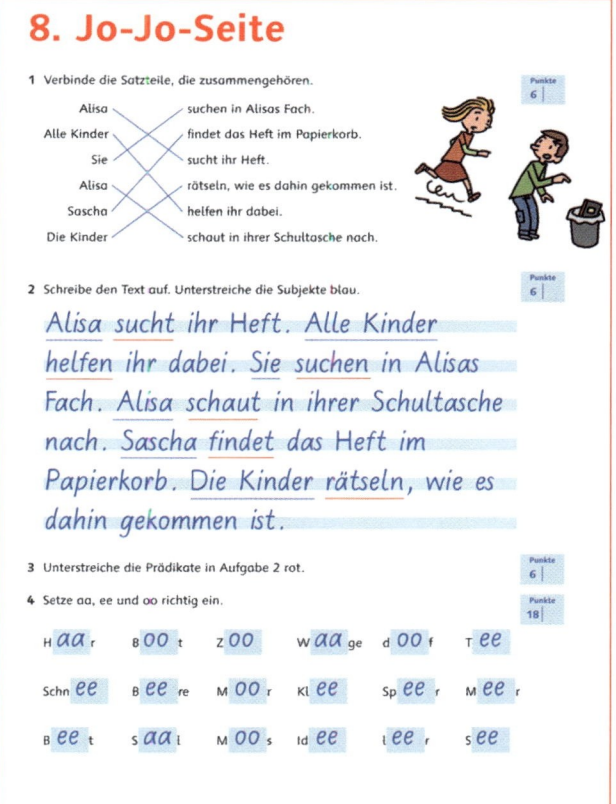

Alisa　　suchen in Alisas Fach.

Alle Kinder　　findet das Heft im Papierkorb.

Sie　　sucht ihr Heft.

Alisa　　rätseln, wie es dahin gekommen ist.

Sascha　　helfen ihr dabei.

Die Kinder　　schaut in ihrer Schultasche nach.

2 Schreibe den Text auf. Unterstreiche die Subjekte blau.　**Punkte 6**

Alisa sucht ihr Heft. Alle Kinder
helfen ihr dabei. Sie suchen in Alisas
Fach. Alisa schaut in ihrer Schultasche
nach. Sascha findet das Heft im
Papierkorb. Die Kinder rätseln, wie es
dahin gekommen ist.

3 Unterstreiche die Prädikate in Aufgabe 2 rot.　**Punkte 6**

4 Setze aa, ee und oo richtig ein.　**Punkte 18**

H*aa*r　B*oo*t　Z*oo*　W*aa*ge　d*oo*f　T*ee*

Schn*ee*　B*ee*re　M*oo*r　Kl*ee*　Sp*ee*r　M*ee*r

B*ee*t　S*aa*l　M*oo*s　Id*ee*　L*ee*r　S*ee*

Kontrollblätter zu den Jo-Jo-Seiten

9. Jo-Jo-Seite

1 Nummeriere die Sätze in der richtigen Reihenfolge.   Punkte **6**

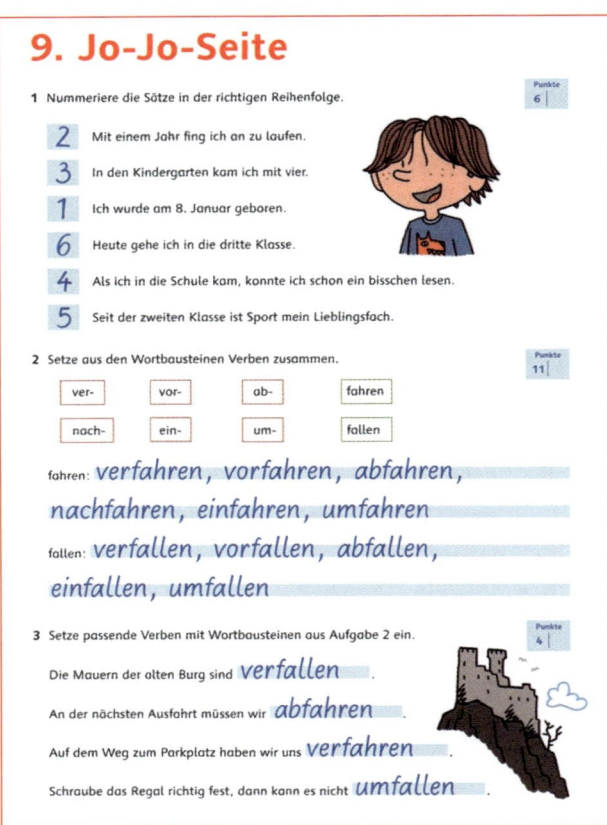

- **2** Mit einem Jahr fing ich an zu laufen.
- **3** In den Kindergarten kam ich mit vier.
- **1** Ich wurde am 8. Januar geboren.
- **6** Heute gehe ich in die dritte Klasse.
- **4** Als ich in die Schule kam, konnte ich schon ein bisschen lesen.
- **5** Seit der zweiten Klasse ist Sport mein Lieblingsfach.

2 Setze aus den Wortbausteinen Verben zusammen.   Punkte **11**

ver-	vor-	ab-	fahren
nach-	ein-	um-	fallen

fahren: *verfahren, vorfahren, abfahren, nachfahren, einfahren, umfahren*

fallen: *verfallen, vorfallen, abfallen, einfallen, umfallen*

3 Setze passende Verben mit Wortbausteinen aus Aufgabe 2 ein.   Punkte **4**

Die Mauern der alten Burg sind *verfallen*.

An der nächsten Ausfahrt müssen wir *abfahren*.

Auf dem Weg zum Parkplatz haben wir uns *verfahren*.

Schraube das Regal richtig fest, dann kann es nicht *umfallen*.

10. Jo-Jo-Seite

1 Setze die Verben in der Gegenwart und in der Vergangenheit ein.   Punkte **12**

lernen • gehen • unterrichten • haben • helfen • hüten

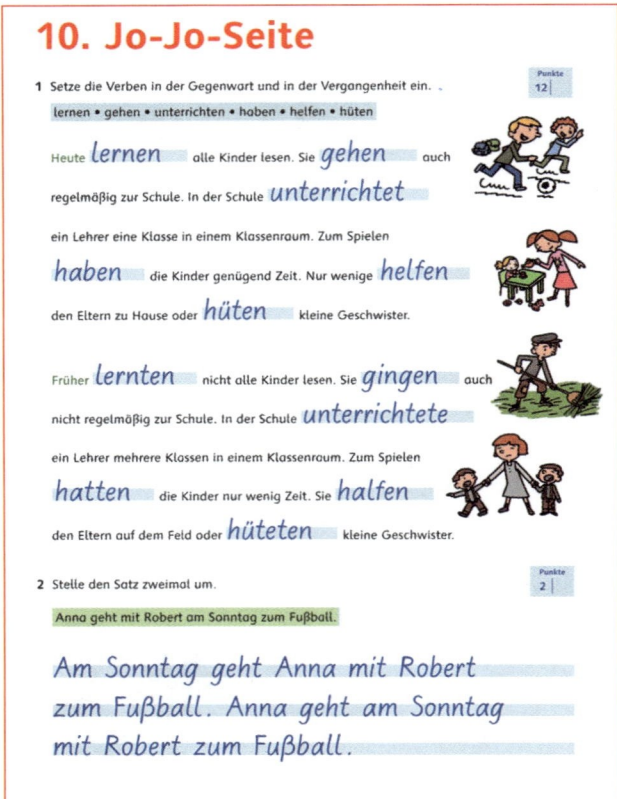

Heute *lernen* alle Kinder lesen. Sie *gehen* auch regelmäßig zur Schule. In der Schule *unterrichtet* ein Lehrer eine Klasse in einem Klassenraum. Zum Spielen *haben* die Kinder genügend Zeit. Nur wenige *helfen* den Eltern zu Hause oder *hüten* kleine Geschwister.

Früher *lernten* nicht alle Kinder lesen. Sie *gingen* auch nicht regelmäßig zur Schule. In der Schule *unterrichtete* ein Lehrer mehrere Klassen in einem Klassenraum. Zum Spielen *hatten* die Kinder nur wenig Zeit. Sie *halfen* den Eltern auf dem Feld oder *hüteten* kleine Geschwister.

2 Stelle den Satz zweimal um.   Punkte **2**

Anna geht mit Robert am Sonntag zum Fußball.

Am Sonntag geht Anna mit Robert zum Fußball. Anna geht am Sonntag mit Robert zum Fußball.

11. Jo-Jo-Seite

1 Lies die Texte. Kreuze bei jeder Aussage an, ob sie richtig oder falsch ist.   Punkte **4**

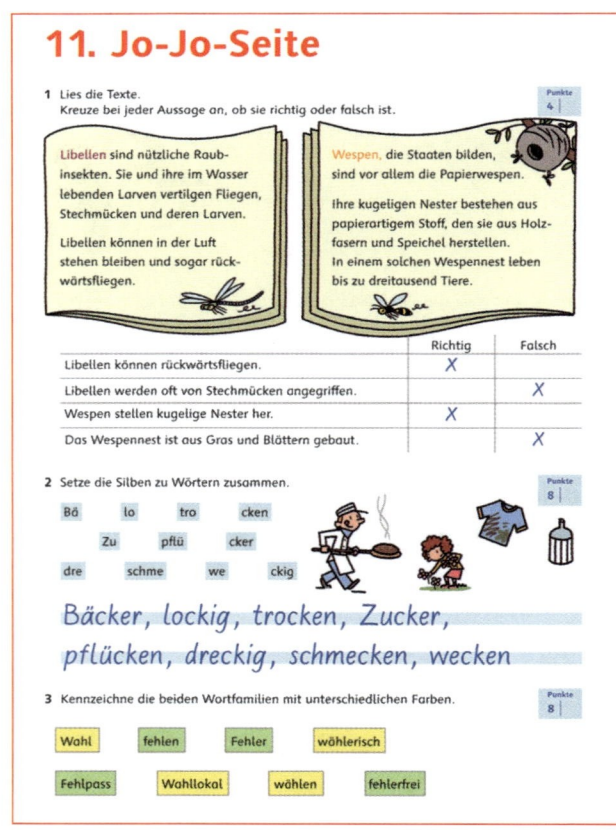

Libellen sind nützliche Raubinsekten. Sie und ihre im Wasser lebenden Larven vertilgen Fliegen, Stechmücken und deren Larven.

Libellen können in der Luft stehen bleiben und sogar rückwärtsfliegen.

Wespen, die Staaten bilden, sind vor allem die Papierwespen.

Ihre kugeligen Nester bestehen aus papierartigem Stoff, den sie aus Holzfasern und Speichel herstellen. In einem solchen Wespennest leben bis zu dreitausend Tiere.

	Richtig	Falsch
Libellen können rückwärtsfliegen.	X	
Libellen werden oft von Stechmücken angegriffen.		X
Wespen stellen kugelige Nester her.	X	
Das Wespennest ist aus Gras und Blättern gebaut.		X

2 Setze die Silben zu Wörtern zusammen.   Punkte **8**

Bä	lo	tro	cken
Zu	pflü	cker	
dre	schme	we	ckig

Bäcker, lockig, trocken, Zucker, pflücken, dreckig, schmecken, wecken

3 Kennzeichne die beiden Wortfamilien mit unterschiedlichen Farben.   Punkte **8**

Wahl   fehlen   Fehler   wählerisch

Fehlpass   Wahllokal   wählen   fehlerfrei

12. Jo-Jo-Seite

1 Lies den Text. Kreuze bei jeder Aussage an, ob sie richtig oder falsch ist.   Punkte **8**

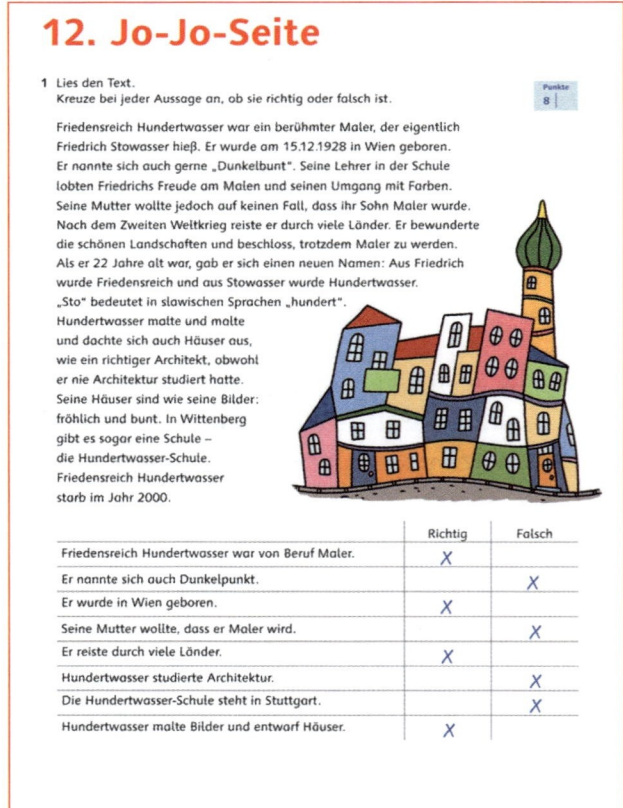

Friedensreich Hundertwasser war ein berühmter Maler, der eigentlich Friedrich Stowasser hieß. Er wurde am 15.12.1928 in Wien geboren. Er nannte sich auch gerne „Dunkelbunt". Seine Lehrer in der Schule lobten Friedrichs Freude am Malen und seinen Umgang mit Farben. Seine Mutter wollte jedoch auf keinen Fall, dass ihr Sohn Maler wurde. Nach dem Zweiten Weltkrieg reiste er durch viele Länder. Er bewunderte die schönen Landschaften und beschloss, trotzdem Maler zu werden. Als er 22 Jahre alt war, gab er sich einen neuen Namen: Aus Friedrich wurde Friedensreich und aus Stowasser wurde Hundertwasser. „Sto" bedeutet in slawischen Sprachen „hundert". Hundertwasser malte und malte und dachte sich auch Häuser aus, wie ein richtiger Architekt, obwohl er nie Architektur studiert hatte. Seine Häuser sind wie seine Bilder: fröhlich und bunt. In Wittenberg gibt es sogar eine Schule – die Hundertwasser-Schule. Friedensreich Hundertwasser starb im Jahr 2000.

	Richtig	Falsch
Friedensreich Hundertwasser war von Beruf Maler.	X	
Er nannte sich auch Dunkelpunkt.		X
Er wurde in Wien geboren.	X	
Seine Mutter wollte, dass er Maler wird.		X
Er reiste durch viele Länder.	X	
Hundertwasser studierte Architektur.		X
Die Hundertwasser-Schule steht in Stuttgart.		X
Hundertwasser malte Bilder und entwarf Häuser.	X	